ちょっと変えれば人生が変わる！

部屋づくりの法則

「機能的で美しい」だけの部屋ではうまくいきません

一級建築士
空間デザイン心理学協会代表理事
高原美由紀

青春出版社

はじめに

この本は、**「そこで過ごしているだけで、自然に幸せになる部屋のつくり方」**を明かした本です。

ただ過ごしているだけで、自然に？　大がかりなリフォームをしなくても？

はい、そうです。**誰でも、ちょっと部屋を変えるだけ**で、です。

- 家族が自然に片づけられるようになる
- 夫婦の会話がはずむ
- 家族がもっと仲良くなる
- 住んでいるうちに、自己肯定感が高まる
- 仕事や勉強がはかどる
- ほっと落ち着いてリラックスできる

そんな**「部屋づくりの法則」を、心理学、脳科学、行動科学、生態学などの科学か**

ら見つけました。

私は、これまで一級建築士として25年以上、多くの家族のご相談を受けるなかで、素敵な部屋に住んでも、思い通りにリフォームしても、念願のマイホームを買っても、幸せに暮らす人もいれば、そうでない人も見てきました。

そこで気づいたのが**「幸せな人とそうでない人の部屋の共通点」**です。

家族間のトラブルが絶えない、仕事がうまくいかない、なぜか不安で落ち着かない、子どもが問題行動を起こす、自分に自信がもてない……。こういった**悩みの原因の多くが、実は「部屋」にあったの**です。

みなさん、**「がんばってもうまくいかない」**と悩んでいました。

それはそうです。**問題は、間取りや家具の配置だった**のです。

いくら努力しても変わらないわけです。でも、残念ながらほとんどの人がそのことに気づいていません。

住んでいるうちに、住まいがあなたや家族の気持ちや行動を左右していることは、あまり知られていないからです。

ディズニーランドに行けば楽しいのも、温泉でリラックスできるのも、そんな気持ちになる「しかけ」が空間にあるからですよね。

なんとなく長居してしまうカフェやお気に入りの席も、あなたがその空間の「しかけ」に無意識に反応した結果なのです。


散らかるのはあなたのせいではありません。

夫がそっけなく感じるのも、妻の言い方がきつく感じるのも、まるで自分が家政婦のように感じるのも、子どもが落ち着いて勉強しないのも、なんとなく落ち着かないのも、あなたや家族が部屋の「しかけ」に無意識に反応しているせいかもしれません。

多くは、**ちょっと部屋を変えるだけで、変わります。**

それが、**空間デザイン心理学の「人生が変わる部屋づくりの法則」**です。


「夫婦の会話が増えて驚いただけでなく、主人が家事を手伝ってくれるように！」

「驚くほど仕事の効率が上がりました」

「子どもが自分から勉強するようになり、医学部に受かりました」

「離婚の危機から、会話が増えて、夫婦仲がよくなりました」

「怒りっぽかった妻に笑顔が増えました」

「新しいことに挑戦したくなり、人生が変わりました」

……私のもとには、部屋を少し変えた方から、喜びの声が続々届きます。


あなたも、この本の法則を使ってみてください。

いつの間にか、本当に望んでいた自分の気持ちに気づくことでしょう。


さあ、ちょっと部屋を変えてみましょう！

＊巻末のＱＲコードからあなたの居心地のよい居場所がわかる
パーソナル居心地診断簡易版が受けられます。

目次

第2章

家族関係がよくなる部屋の法則

家具の向きを変えるだけで、自然に仲良くなる

第3章

仕事・勉強に集中できる部屋の法則

安心感が集中力を生む

第4章

シングル・子育て・シニア 世帯別 人生が好転する部屋の法則

自分の居場所を整えると幸せになる

終章

住まい環境が変われば、すべてが変わる

「空間デザイン心理学」を知って幸せな人生へ

本文イラスト●富永三紗子　本文デザイン●岡崎理恵
編集協力●樋口由夏　企画協力●合同会社DreamMaker

序章

今までの「機能的で」「美しく」「住みやすい」家の間違い

家族の会話が少ないのも、部屋が散らかるのも、あなたのせいではない。
すべて「間取りと家具配置」が原因だった！

Case 1

問題です。夫婦と妻の母の3人家族。
夫婦の会話が少なく、妻の居場所がない家でしたが
原因は部屋にありました。この部屋のどこが問題でしょうか？

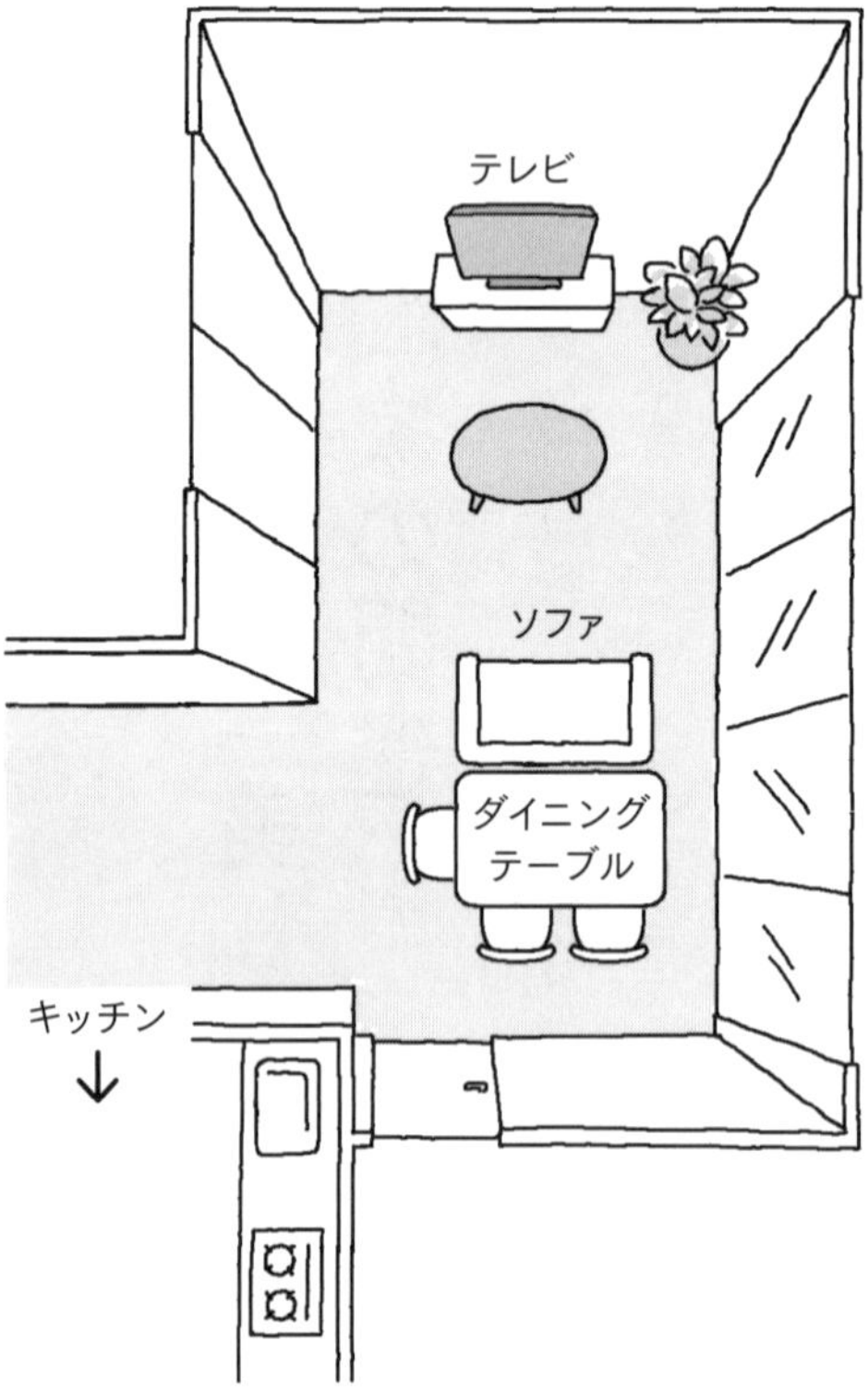

答えは、ソファの向きでした。

このお宅の家族構成は、40代前半のご夫婦、60代後半の妻のお母さまの3人家族です。

実はこのお宅の妻から最初にいただいたご相談は、「ダイニングの椅子が大きすぎて邪魔だから買い替えたい」というものでした。

通常なら、どんな椅子をお望みなのか、ご要望をうかがうところです。

でも、私が行っているやり方は違います。

もっと深いところにある本当の望みを、お話を聞きながら探っていくのです。

もう一度、前のページの家具の配置を見てください。リビングにあるテレビの前には2・5人掛けくらいのソファがあります。

この間取りを見たとき「椅子を買い替えたところで、この家の本当の問題は解決しない」ということが推測できました。そして実際のリビングを見て「なるほど、そういうことだったのか」と思いました。テレビの前のソファとローテーブルの周りが、とても散らかっていたのです。

そこで私は1つだけ妻に質問をしました。

「奥さまは、いつもどこに座られていますか？」

答えは私の予想通り、ダイニングテーブルに2つ並んでいる椅子の左側でした。

「それなら、椅子を替えても解決しないと思います」

こうお伝えしました。この間取りから想像したのは、夫婦の会話があまりないのではないか、ということでした。妻と妻のお母さま、そして夫といった、女性と男性が分断して暮らしているのではないかと思ったのです。

そしてもうひとつ。**妻はリビングに居場所がなく、自己肯定感が下がっているのではないか、夫は家の中で疎外感を抱いているのではないかということです。**

なぜ、そんなことがわかるの？　と不思議に思われるかもしれませんね。もちろん、私は超能力者ではありません。ちゃんと理由があるのです。

テレビの前の散らかり具合を見たとき、夫の定位置はソファの左側だと確信しました。それに対して妻の定位置は、夫の真後ろの椅子。そして横に並んで座っているのがお母さまです。

これはまさに〝劇場スタイル〟。テレビを観るとき、まるで劇場で夫が前の席、少し離れた後ろの席に女性2人が仲良く座っているかのようなのです。つまり、妻はいつも夫の背中越しにテレビを観ていることになります。この位置関係で、夫と妻がテレビを観ながら会話ができるでしょうか。

それどころか、ソファの周りの散らかり具合を見て、きっと妻は「まったく、帰ったらソファでグダッとして、家のことも手伝ってくれないで！」ってなりますよね。そして妻とお母さまが会話することになります。この2人の会話は、夫には聞こえません。夫の心の声は「女どもが後ろでこそこそと話しやがって」となるわけです。

こうしていつの間にか夫婦お互いの不満がたまっていきます。

もし、ここでダイニングの椅子を新しく替えても、問題は何も解決されません。このままいったら、夫婦がけんかしたり、家族の会話が10年もない。そんなことにもなりかねません。

では、なぜ、妻は自己肯定感が下がっていると推測したのか。

ソファ周りは夫のものが散らかり放題、つまり、夫の「なわばり」と化していました。妻は夫がくつろいでいるテレビとソファ周りに近づくことができません。そうなると、妻はダイニングの椅子に座るしかありません。でも、そこで好きな本を読もうにも、前からはテレビの音、隣に座る母は、自分の後ろを行き来する。みんなのじゃま者のようで、リビングで落ち着ける居場所がなかったのです。

そこで提案したのが、テレビの位置とソファの位置を反転すること。次のページの図のように、ソファとテレビ、ダイニングテーブルの位置関係を変えたのです。

これで家族の顔が全員見える位置関係になりました。全員が同じテレビを観て笑ったり、会話ができます。つまり、努力しなくても自然に会話が生まれて、みんなが家族の輪の中に入れる。家族関係がよくなるレイアウトになったのです。

そしてもうひとつ行ったのが、ソファの後ろに1人掛けのチェアを置くこと。もちろん妻専用の椅子です。

妻は読書が好きだったので、ここで一人でゆっくり本を読めるようになりました。ソファの背面にソファよりも少し高さのある本棚を置くことで、パーティション代わりになり、落ち着いて本が読めるのです。

そして半年後。私のもとに、彼女からライブのお知らせが届きました。なんと家具

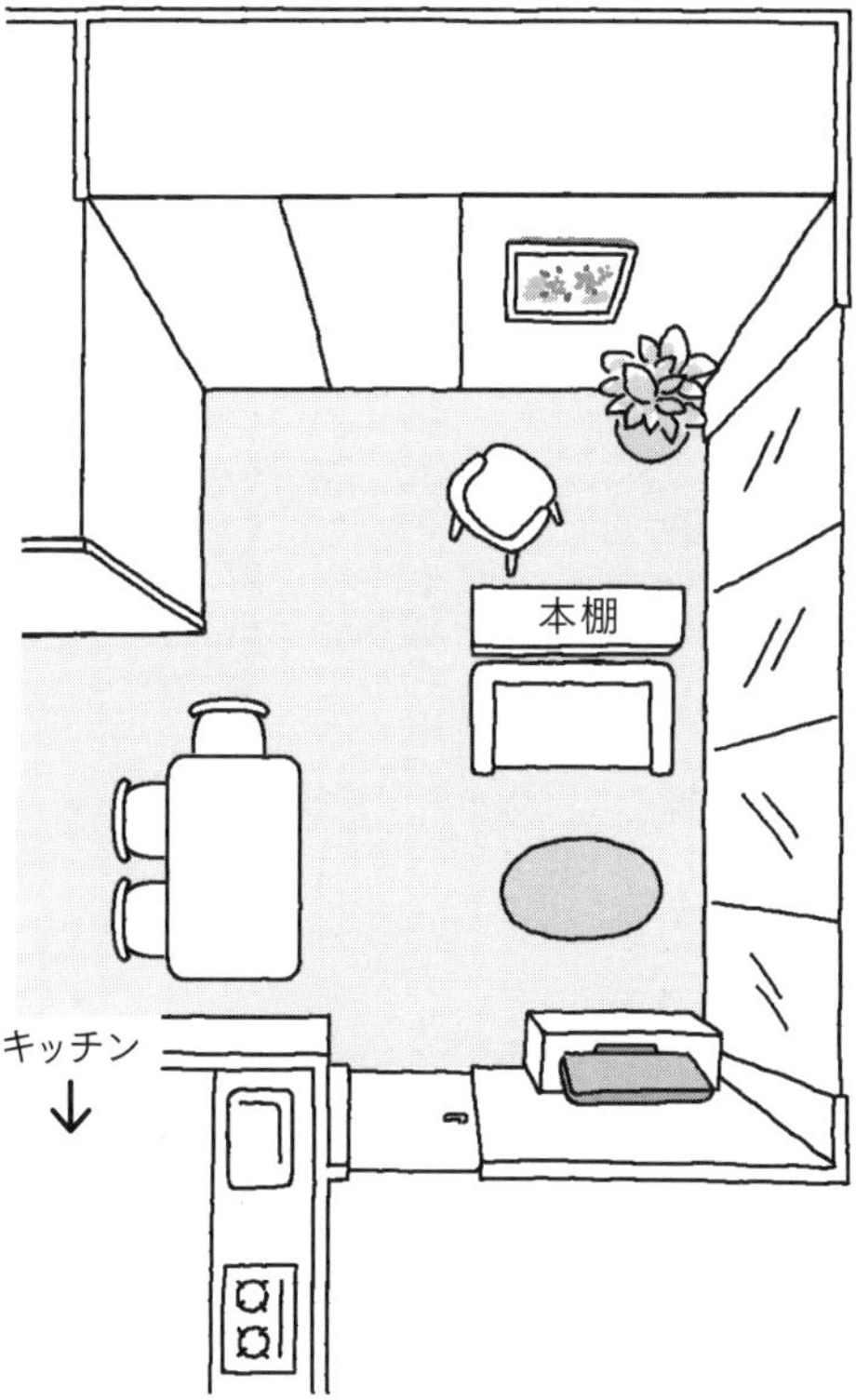

の配置を変えたあと、妻は「私は歌が好きだったんだ」と思い出して歌を本格的にやり始めたのです。
さらに数年後には、驚くことにリオのカーニバルに参加しているそうです。
自分の居場所をもったことで妻は「自分の好きなことをやってもいいんだ、ありのままの自分でいていいんだ」という自己肯定感が満たされていったのでしょう。
その後、妻から「主人と

の会話が確かに増えました！　主人が前より優しくなって、今はもっと仲良くなりました。私の自己肯定感も本当に上がりました！　すごいです！　びっくりしています!!」とメッセージをいただきました。

このように、**大がかりなリフォームをしなくても、家具の配置を変えるだけでも、家族関係にいい影響を与えることができます。**

居心地の悪さだけでなく、日々のストレスや夫婦の会話の量、自己肯定感までが、間取りや家具の配置のせいということがあるのです。

これまでも、住まいを変えたら、居心地がよくなるだけでなく、夫婦関係がよくなったり、自分に自信がもてたりする方を見てきました。

今までの「機能的で」「美しく」「住みやすい」部屋づくりの常識だけでは、心まで満たすことはできないのです。

Case 2

次は、家具の向きをちょっと変えただけで、
「夫婦仲がよくなった」
「主人がダイニングで食事するようになり、
この家に来て初めてソファで主人と一緒に映画を観ました」
という家の例です。
以前の部屋のどこが問題だったのでしょうか？

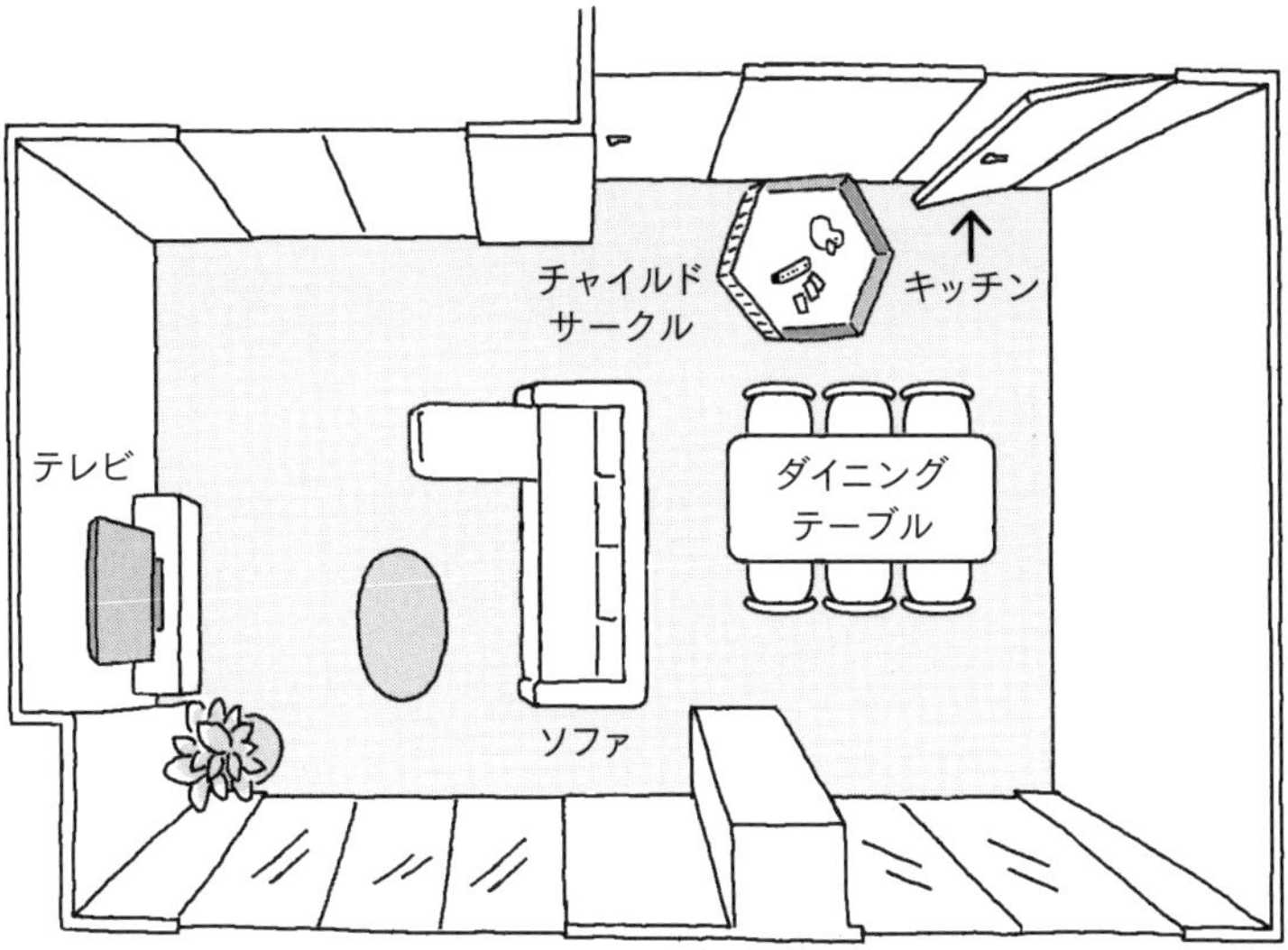

もう、わかる人にはわかりますよね。

答えは、ソファとダイニングテーブルの向きです。

こちらは、妻からの**「落ち着かないからリフォームしたい」という要望から始まりました。**

新しいマンションを購入して半年くらいたっていました。外の眺めが素晴らしく、輸入家具もあり、素敵にコーディネートされたお部屋でした。妻は、「間接照明をつけたり、壁の仕上げを変えたら、きっと落ち着くんじゃないか」とおっしゃっていました。

会社員の夫と専業主婦の妻、2歳のお子さんの3人家族。

リビングダイニングが20畳あるような立派なお家。なのに落ち着かないというのです。

初めてお宅にうかがったとき、入って数分で「落ち着かない理由」がわかりました。

私は1つ質問をしました。

「ご主人は、いつもどこでお食事されていますか？」

私はソファではないかと予想しました。そうしたら案の定、ソファに座って食事をするというのです。

「それなら、家具のレイアウトを変えるだけでかなり解決します。今すぐやってみましょう！」

と妻と一緒にレイアウトを変えました。ソファとダイニングテーブルを90度回転させ、テレビの位置も変えました。

「とりあえず、これでしばらく暮らしてみてください。それでも落ち着かなかったら、また相談しましょう」と言って帰ってきました。

そして3週間後。喜びのメールをいただいたのです。そのメールを一部紹介します。

「ごぶさたしております。○○です。

とても素敵なレイアウトのアドバイスをいただき、毎朝起きてお部屋を眺めるたびに、あ〜素敵なお部屋になってうれしいな、うちはこんな家だったんだと感じております。

明らかに暮らしが快適になりました。

なんと、主人がダイニングで食事をするようになり、**この家に来て初めて、ソファで主人と一緒に映画を観ました！** 本当にありがとうございます」

なぜ、こんなことが起こったのでしょうか。

家具のレイアウトを見たとき、「このご夫婦は、会話が少ないいんじゃないかな」と推測しました。夫はソファで食事をしている、そして妻はきっとキッチンに近いダイニングの椅子に座って食事をしているだろうと思ったのです。キッチンと行き来しやすい場所だからです。この位置関係では、食事しながら夫婦は会話できません。

ソファにいる夫の隣に座ろうにも、ソファからキッチンへは行きにくいので、それもなかなかできない。きっと妻は「落ち着かない」「まるで家政婦のよう」と思われているのではないか、と。

おそらくCase1の妻同様、**自己肯定感が下がっているのではないかと思いました。** 同時に、夫も「落ち着かない」と感じていたはずです。なぜなら、夫はこんな素敵なマンションを購入できるほどの収入のある方です。会社に行ったら、立派なデスクと椅子に座っているような方なのです。

そんな方が食事のときにダイニングの椅子に座ると、夫の視界には、子どもが遊ぶチャイルドサークルが目に入ってきます。さらに、眺めのいいバルコニーを背にすることになります。そして、ソファがL字型なのでダイニングの椅子に座るためには、ぐるっと回らなくてはいけません。だから、一度ソファに座ったらそのまま食事するのではないか、と。

これはこの方に限ったことではなく、多くの人に共通する行動パターンなのです。**人間というのは、楽《らく》をしたい生き物です。疲れて帰宅してソファに座ったら、できるだけ立ち上がりたくないのです。**

そしてダイニングに座ったときに目に入るチャイルドサークルは、子どものおもちゃが詰まって、ごちゃごちゃしています。一方、ソファに座ると視界に入るのは、好きなスポーツ番組が見られる大型のテレビ。みなさんなら、どちらを見て過ごしたいですか？

答えは明白ですよね。

人間はそういう動物なのです。

レイアウトを変えたあとの部屋の間取りを見てください。

夫は帰ったら、眺めのいいソファに座るでしょう。でも、今度はダイニングの椅子にも移動しやすいですよね。だから、食事のときダイニングに座るようになったのです。このレイアウトなら、ダイニングの椅子に座っても、外の景色はよく見えます。

もちろん、食後にまたソファに戻るでしょう。それでも、今度は隣に妻が座りやすいので「一緒にテレビを観よう」となるわけです。

もしも以前のレイアウトのまま、ご要望通り間接照明をつけ、壁の仕上げを変えていたら……。

妻は相変わらずソファに座る夫の背中を見続けることになります。「私って、夫にとって何なんだろう」「この家にいる意義ってあるのかな」そんなやるせない気持ちになり、本当の問題は解決しなかったでしょう。

妻はモノが欲しかったわけではないのです。心を満たしたかったのです。

レイアウトが変われば、心と行動が変わる。心と行動が変われば、習慣が変わります。習慣が変われば、人生が変わるのです。

Before

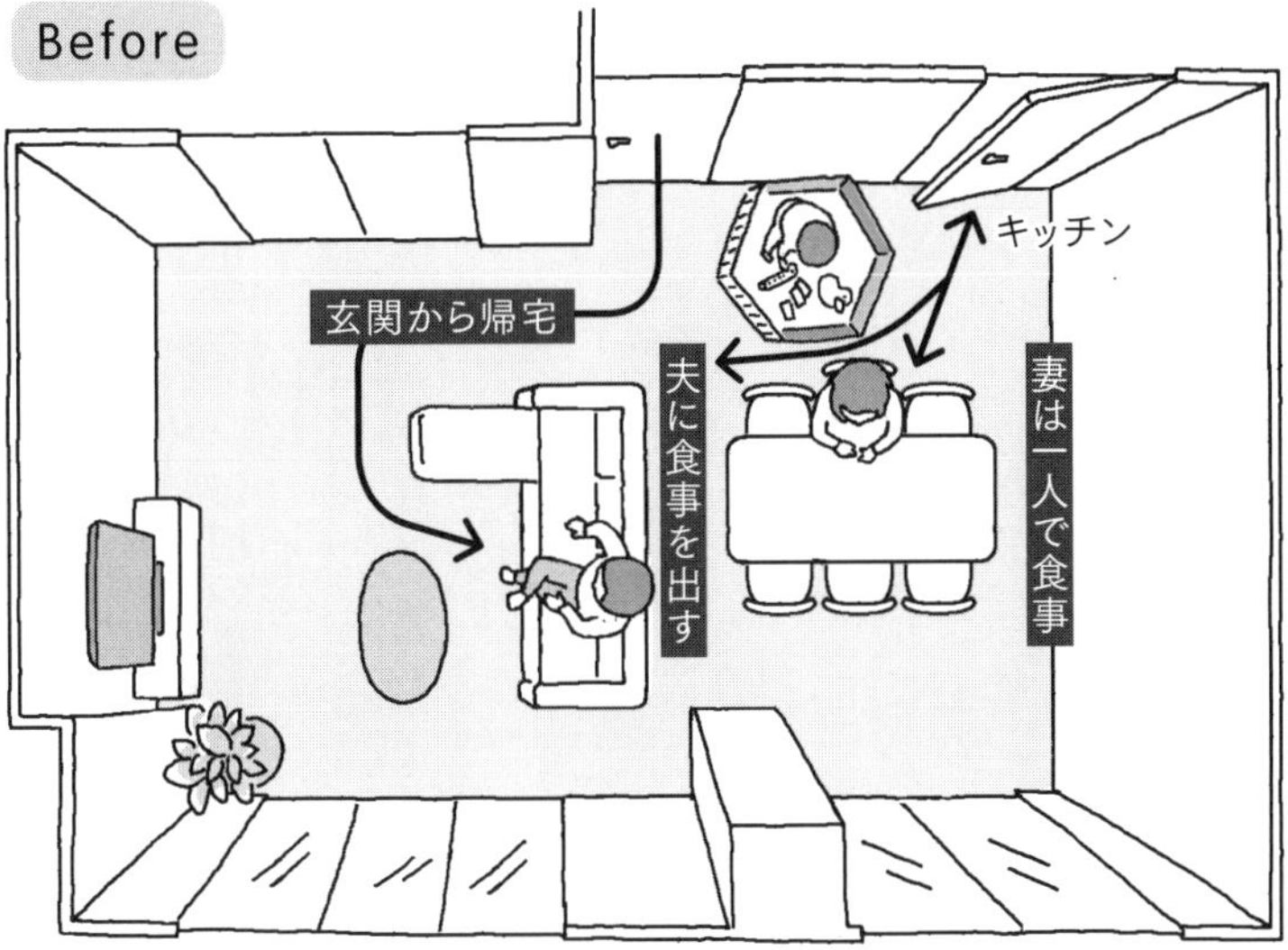

After

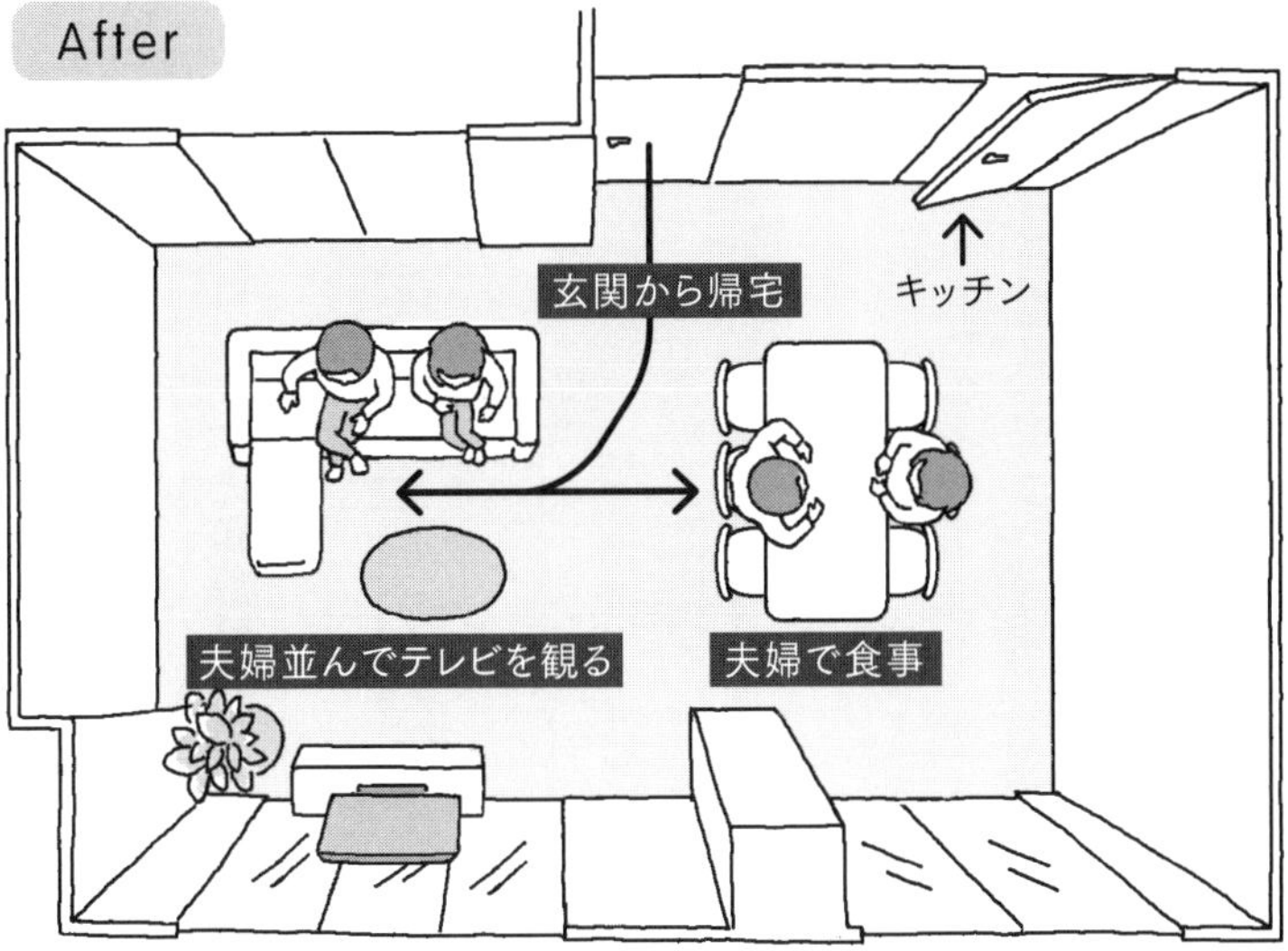

空間は、意思より強く人生に影響します。「家族の会話を増やそう」「今日こそ、笑顔で話そう」なんていくら思ったとしても、レイアウトが以前のままだったら、ずっと心が満たされなかった可能性があるのです。

●家に帰っても家族が「おかえり」を言ってくれない原因は…

このソファの向きを変えた話をセミナーでしたところ、受講していた角栄二さんという方がこんな話をされました。

「毎日、夜、帰宅して子どもに〝ただいま〟と言っても、ガン無視されます。その理由がわかりました」

栄二さんの家は、リビングの扉を開けると正面にテレビがあるそうです。いつも2人の子どもがテレビに向かってゲームをしているので、いつも子どもの背中に向かって「ただいま」を言っていたのです。

私の話を聞いたあと、テレビの向きを90度回転。そして、いつものように「ただいま」と言ったら、子どもたちが目を見て「おかえり」と言ってくれるようになった、とうれしそうに報告してくれました。

つまり、子どもたちは背中ごしに声をかけられても気づかなかっただけ。別にパパが嫌いなわけでも、無視していたわけでもなかったのです。

それまで彼は「俺は一生懸命働いて帰ってきたのに……」と寂しい思いをしていました。でも、「なーんだ、テレビの向きだったんだ！」ということがわかったのです。

望む行動が無意識に起きる「しかけ」をつくる

離婚の危機を解消！

私は真剣に住む人の人生を応援する空間づくりをしたいと考えています。

前のケースにあったように、ソファの向きで夫婦や家族の仲がよくなるなど、少し変えるだけで人生が変わった例はたくさんあります。

離婚を回避できたご夫婦も何組もいます。

寒川玲子さんの夫は、音に敏感なタイプでした。玲子さんが新聞をペラッとめくるだけで「うるさい！」と、ずっと怒られ続けていたそうです。彼女はただただ、「私は夫に嫌われている」「私といるといつも不機嫌になる」と思い、離婚をしようという思いを持ちつつ、私の講座にいらしたのです。

その講座のなかで、**夫は音にかなり敏感であるという環境に対する特性がわかりました。そこで、仕事のときなどは、夫婦がそれぞれ少し離れた部屋で過ごすようにしたところ、夫のストレスがなくなり、機嫌がよくなった**とのこと。

なんと、20年ぶりに週1回デートをしている、というではありませんか！　玲子さんは現在、生き生きと楽しそうに暮らしています。

認知症のお母さんに変化！

認知症でほとんど寝たきりのお母さまと同居している大蔵由美さんが私の講座を受講しました。

彼女は、**「自然に行為をうながす」環境のしかけによって、その行動が無意識に起こりやすくなるという性質**について学びました。

アフォーダンス（知覚心理学者、J・J・ギブソン提唱）といいますが、たとえば道端にベンチがなければ通り過ぎるところを、ベンチがあることで座るかもしれません。このように、その行動の選択肢を提供する環境をつくるのです。

そこで彼女は、自宅にある工夫をしました。

お母さまはトイレには一人で行けます。ですからトイレから自分の部屋に戻る途中に目に入るように、窓に向かってテーブルと椅子を用意しました。テーブルの上にはスケッチブックと色鉛筆と花瓶に生けた花を置きました。

すると、**お母さまは、いつの間にかそこに座って、毎日花の絵を描くようになったのです**。今まで絵を描くことなどなかったのに。

これには主治医も驚いたそうです。それまで寝たきりだったお母さまが、何かに興味をもって行動してくれたのですから。

子どもが自分から勉強するように

お子さんが自分で片づけられるようになり、集中して勉強するようになった例もあります。

そのご家庭は一軒家で夫は医師、妻と3歳、5歳、8歳、10歳とお子さんが4人いらっしゃいました。

帰宅すると、とにかく玄関から子ども部屋までの通り道にランドセルやらお道具箱やら絵の具やら、子どものものが散らかり放題。毎日、母親が「片づけなさい！」と怒っているような状況でした。

ご相談は、「子ども部屋に間仕切りをして4人の子ども部屋をつくり、散らかりを解消したい」というものでした。でも、このお家の間取りを見ると、間仕切りをつくっても解決しないと思ったのです。

なぜなら、子どもの頭が混乱してしまう間取りだったからです。簡単に言えば、リビングのなかに、ソファ、ティーテーブル、掘りごたつなどいろいろな要素がありすぎるのです。だから**子どもはどこで何をすればいいのか理解できない。さらに、子ども部屋は「行きたくない、過ごしたくない」部屋になっていました。**

それなのに「片づけなさい」と子どもの行動を親がなんとかコントロールしようとしていたのです。

「行きたくない、過ごしたくない」子ども部屋とはどういうことかというと、窓がない、外気に面していない、通路になっている、そして奥まった場所にある部屋です。

共通心理として、人間は、遠くて暗いところ、落ち着かないところには行きたくないし、そこで過ごしたくないのです。

そこで、2つの子ども部屋を4つに仕切るのはやめて、逆に、間仕切りを取って2部屋を1部屋にまとめて子どもたちのスタディルームとしました。そして庭からテラスを通って直接、その部屋に入れるようにしました。

それまでは玄関から子ども部屋までの動線が複雑なので、子どもたちは通り道に自分のものを投げ出して散らかしていました。そこで、外部から直通でスタディルームに行けるようにしたのです。

そうはいっても、動線を変えるのは難しい、リフォームまではできないという方もいるでしょう。そんな方にもおすすめなのが、**子どもが「自分の場所だ」と意識できるようにする方法**です。

このお宅はお子さんが4人いたので、お子さんに好きな色を聞いて、スタディルームの椅子の座面やロッカーとクローゼットの扉を色分けしました。さらに、新たにつくった別の子ども部屋の壁にその子の好きな色の壁紙を貼って、「黄色は私」「緑は僕」

などわかりやすくしたのです。こうすることで、〝**なわばり意識**〟**ができて、説明しなくても色を見ただけで自分のものをどこにしまったらいいのかがわかり、自然に行動につながるのです。**

色分けが難しい場合は、好きなキャラクターのシールを貼ることでも代用できます。子どもに片づけをしてほしいなら、その子のなわばりだと思える「しかけ」や目印を子どもがよくわかるように（子どもの目線の高さなどに）つけてみてください。

こうしてみんなのスタディルームをカラフルにしたこと、窓から光が入るようにしたことで部屋が明るくなり、子どもたちが〝行きたい場所、過ごしたい場所〟にもなりました。

人間には走光性というものがあって、光のあるほうに意識が向くもの。明るいほうに行きたい習性があるのです。

リフォームをした3カ月後に訪れてみると、リビングにはものが何も散らかっていませんでした。

そして1年後、妻から「不思議なんですが、子どもたちが落ち着いて勉強するようになりました」と言われました。家の中の混乱を整理し、子どもそれぞれの居場所を

望む行動が無意識に起こるしかけ《アフォーダンス》とは

つくり、明るくしたことで、落ち着いて勉強に集中できるようになったのです。

夫婦げんかも減ったそうです。リフォームをする前、夫は多忙でほとんど家におらず、休みの日はテニスに行っていました。

それが、**家が落ち着く環境に変わったことで、夫が家で過ごす時間が増えて、夫婦が穏やかに過ごせるようになったのです。**

話はここで終わりではありません。

なんと10年後、夫からメールをいただきました。

「ありがとうございました。おかげさまで上の子ども2人が医学部に入りました。あのときのリフォームがなかったら、おそらく今の家族の形はないでしょう」

いかがでしょうか。

間取りや家具のレイアウト1つで、自然に人生をよりよくすることができるのです。家族の機嫌が悪いのすら、住まいのせいだった。愛がないわけでも、嫌いになったわけでも、性格が悪いわけでもなかった。家が悪かっただけ、ということがあるのです。

間取りや家具のレイアウトを変えなくても、気持ちの持ち方を変えたり、会話をたくさんする努力をするとか、できることはもちろんあるでしょう。

でも、**うまくいく仕組みができていれば、それはもっと簡単。実は、がんばらなくてよかったのです。**

自然に、望む行動と気持ちが実現でき、望むような家族関係を促《うなが》すことができている住まいこそが、よい住まいなのではないでしょうか。

第1章

いつも片づいている部屋の法則

心が満たされれば、散らからない

収納があれば幸せ？人生の転機になったお客さまの話

「いつも部屋が散らかっている。部屋をスッキリ片づけたい！」

「いろいろな片づけや収納のテクニックを試したけど、すぐに元に戻っちゃう」

「片づけたい気持ちはあるけど、ついつい、いつも先延ばし……」

この章はそんなあなたに読んでいただきたい法則が詰まっています。

具体的な法則をお伝えする前に、私がなぜ心理学や行動学を使って空間をデザインするようになったのか、人生の転機となった1つの事例を紹介しましょう。

もう25年以上も前のこと。あるリフォームのご依頼がありました。

お客さまのご要望は「収納がなくて散らかっている。だから、リビングに大きな壁面収納がほしい」ということでした。

私はお客さまが持っているものの寸法をすべて測り、使う場所を聞き、ものの住所を決め、完璧に収納計画を立ててリフォームを行いました。

そしてお客さまのご要望に合う、機能的で美しい収納をつくることができました。

「やっとこれで片づけられます。ありがとうございます」

お客さまはうれしそうにそうおっしゃいました。

ところが1年後、お客さまのお宅にうかがうと、私の顔を見るなり、「高原さん、ごめんなさい、本当にごめんなさい」と何度も頭を下げて謝るのです。

リビングに入ってみると、そこには床という床に段ボールや書類、バッグが置かれ、まるでリフォーム前と同じ散らかった空間が広がっていました。

以前は「収納がないから片づけられないんです」とおっしゃっていましたし、私もそう思っていました。

でも、現在は「収納があっても片づけられない」——お客さまはそんな自分を責めていました。それを目の当たりにした私は、「設計者として一体、何をしたんだろう。この人の幸せのために設計したはずじゃなかったのか」。そんな思いがぐるぐるとうずきました。

お客さまの要望通りに機能的で美しく住みやすい住まいをつくったはずでした。でも、おこなったリフォームは、まるで意味がなかったことがはっきりしてしまったのです。

どうしたらよかったのか、どうしたらお客さまが本当に望んでいることをつかめるのか、本当に幸せな住まいって何なのか、そのときは全く答えがみつかりませんでした。

ただ、お客さまの要望に応えることと、その人が幸せになることはイコールではないのだということだけは、はっきりとわかりました。

この苦い経験が、人生の転機となりました。

当時はどこを探してもその答えを教えてくれるところがなく、自分で探求するしかありませんでした。そして独学で学び始め、40歳を過ぎてから大学、大学院に入り直し、人間の心理や行動を探求したのです。

あらゆる問題は欲求が満たされないから

リフォームして希望の収納をつくっても片づけられないと自分を責める、夢に見た素敵な家に住んでも落ち着かない、夫婦げんか、散らかって毎日がストレス……。なぜ、そういうことになるのでしょうか。それは、人の欲求がわかるとひもとけます。

マズローの欲求段階説にそってご説明します。

人の欲求には6段階あるといわれています。いちばん土台となる欲求から順番に、「生理的欲求」「安全の欲求」「所属と愛の欲求」「承認の欲求」となり、この4つが基本的な欲求です。その上に「自己実現の欲求」「自己超越の欲求」の2つがあります。

4つの基本的欲求が満たされないと、人はその上の欲求を満たすのは難しいのです。

住まいは「生理的」「安全」「所属と愛」「承認」の基本的な欲求を満たすところです。

ごはんを食べて寝て、子孫をつくって、安全のなかで敵から身を守れる。そして家族の一員として大切に愛され、あなたという存在を承認してくれている。最低限、こ

人間の基本的な欲求

（マズローの欲求段階説より）

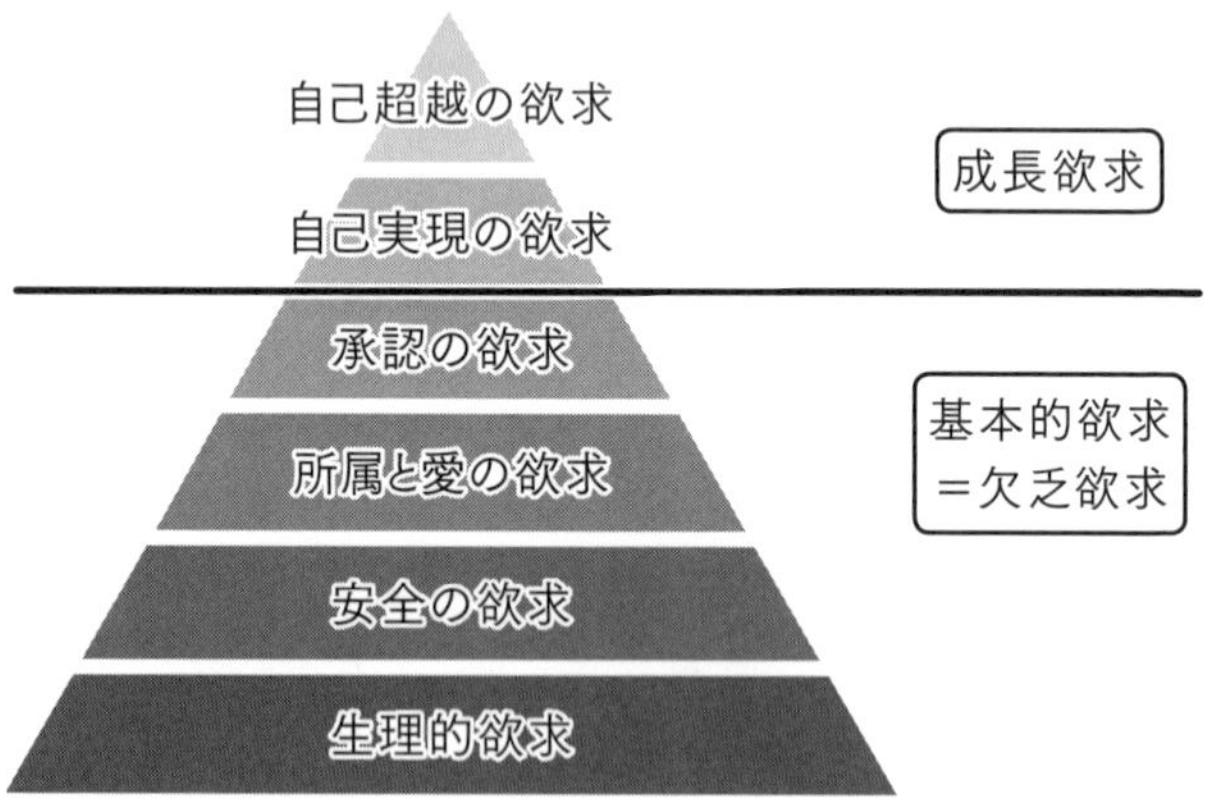

（諸富祥彦，人間性心理学ワークショップ配布資料，2021を参考に作成）

れを満たす場所が住まいです。

「住まい」が本当の意味で人間の基本的な欲求を満たす場所でなければ、いくら家具や壁紙やフローリングだけ替えて、見かけだけ〝素敵な住まい〟にしても満たされません。

「承認欲求」には他者から認められたいと求める「他者承認」と、自分の存在価値を自分で認める「自己承認」の2つがあります。

ここまでの「生理的」「安全」「所属と愛」「承認」の4つは、「足りない、足りない」と満たされないことを埋めようとする欠乏を動機とした欲求なのです。

ここがすべて満たされていると、心理的

に健康で幸せといえます。

そして、基本的欲求が満たされると「自己実現」に意識が向かい、さらにその上の「自己超越」に達します。つまり、もっと成長したい、夢をかなえたい、何かを成し遂げたい、自分らしくありのままで生きたいという欲求を実現し、ひいてはエゴを超えて、他者や社会に貢献したいと思うようになっていくのです。

だから、基本的欲求が満たされた社会は、それぞれの個性が生かされ、生き生きとした愛のある平和な社会になります。

人間のあらゆる問題行動や悩みは、基本的欲求が満たされていないために起こると言っても過言ではありません。

略奪、暴力や戦争といった社会問題だけでなく、家庭内で起こる夫婦げんか、うつ、不登校、引きこもり、暴力などもそうです。「散らかる」という現象も満たされない表れであることがあります。

人は自分の欲求＝ニーズをすべて自覚しているわけではありません。現実に起きていることは、本人が気づいていない欲求の表れであることが多いのです。私が住まいのご相談を受けるとき、その人のお話をよく聞くのは、その人の本当の欲求＝深層ニーズを知るためです。

もちろん、そもそも片づけが苦手という方もいますが、経験上、「自分は他者（家族も含め）に承認されていない」という満たされない気持ちから「散らかり」という現象が起きていることはとても多いです。

前項の25年以上前のリフォームのお客さまも、片づけられない自分を責めていました。その様子から、おそらく承認欲求が満たされていなかったのだろうと、今は思います。心の底にある本当の欲求を満たさずに、いくら立派な収納を用意したところで、結果は同じだったわけです。

それどころか、収納をつくったせいで、もっと自己承認できない状態になっていたのです。ものを元の場所に戻すことが難しい片づけが苦手な方は、ものの住所が全て決まっている収納というのは、かえって心に負担がかかります。

では、どうすればよかったのか。この章の中で解説していきます。

散らかるのは心が満たされていないサイン

部屋の状態は心の状態の表れと言っても過言ではありません。

序章に登場した、ソファの周りを自分のもので散らかしていた夫は、心理的な要因から「散らかし」ていました。

とても多い散らかしのケースなので、ここで説明させてください。


夫が仕事から帰宅。ソファに荷物を置いて、どっかと座ってしまいます。この夫の場合、リュックと、外から買ってきたコンビニの袋と商品、薬などあらゆる〝自分のもの〟をソファ周りに置いていました。

動線上に収納がないことが大きな原因でしたが、それだけではありません。

家族から自分が望むように「承認」されてないと感じていたのだと思います。

疲れて家に帰っても、妻は母親とおしゃべりをしている。自分はがんばって毎日働いているのに。妻と義母がタッグを組んでいるように見え、「承認欲求」だけでなく「所属と愛の欲求」も欠乏していたのではないでしょうか。

家族に必要とされている、愛されている、感謝されているという他者承認、自分が家族の輪の中にいる、というつながり感。それがなかったのです。

そうなると、人はどうなるか。

「俺はここにいるんだ！」と主張したくなるのです。そして、自分の居場所（ソファ）周辺に自分のものを置き始め、「なわばり化」します。

なわばりは人間が本来、持っている心理的、物理的な自分の占有領域です。

わかりやすいのは個室や自分用のデスクですが、リビングやダイニングの一部やクローゼットなど、家族と共有の空間になわばりを持っている場合、それを他人に侵されるとストレスを感じます。

自分が自由にコントロールできるなわばりを確保することは、人が動物として安心して心穏やかに暮らすために大切です。だから家の中にも、それぞれのなわばりが必要なのです。

このご夫婦の住まいには、ご夫婦の寝室はあったものの、夫専用の部屋はありませんでした。

そして、女性陣は仲良く並んで楽しそうに話している。「俺だって、ここにいるんだ」「ここは俺の居場所だ」。口にこそ出しませんが、そんな気持ちが無意識に湧いてくるのです。家族から思うように承認されず、つながりを感じられないことが、なわばりを主張する散らかりにつながっていたのです。

このようなケースでは、妻が「いつまでもダラダラ座ってないで片づけてよ！」なんていくら言ってもムダ。というより、それは否定されていると感じてしまい逆効果です。

その人の本当の欲求、「認めてほしい」「つながりたい」を満たすことが先なのです。

この場合には、空間を変えることで改善できます。19ページの図をご覧ください。妻が夫と会話しやすくなっただけでなく、夫は家族の輪に入れるようになりました。そうすると、家族の日々の行動が変わりますので、自然に夫の所属と愛や承認の欲求が満たされていくことになります。

もし、あなたが似たようなケースで、どうしてもソファの向きが変えられない場合は、どうか言葉や行動で補ってください。

「いつもお仕事がんばってくれてありがとう。こっちに来て一緒にお茶飲もうよ」

そんな声かけをします。夫が満たされるまでの間は、「ちょっとは片づけて！」などと怒って言ってはいけません。じっとこらえて、承認し続けましょう。

そのうち、だんだん表情や言葉づかい、態度が変わってくると思います。笑顔が増え始めたり、態度が柔らかくなったり。そして、「いつもありがとう。ここ（夫の座るソファ）に一緒に座りたいな」と言ってみるのです。

少しでも片づけてくれたら、「わあ、きれいになってうれしい!! ありがとう！」と感謝してくださいね。

人が本当の意味で片づけを始めるのは、基本的な欲求が満たされてからなのです。


散らかるのは心が満たされていないサイン。

まず、自分の本当の欲求を満たす。

そもそも人は「片づけない脳」

ここで、みなさんの気持ちが少し楽になる話をしましょう。

人間って……、そもそも片づけないのが普通なんですよ。

だって、動物って片づけないですよね。なのに人間だけが「片づけないといけない！」と思っています。

それは違います。もう一度言います。**人間は片づけないのがスタンダードなのです！**

多くの方は片づいたきれいな状態がスタンダードで、散らかっている状態はマイナスだと思っていますよね。だから散らかっていることに対して、みなさんすごく自分を責めています。

でも、責める必要はありません。

たしかに、ほかの動物と違って人間は、論理的な思考をしたり、目標を達成したり、自制したりすることができます。「散らかっているものを片づけよう」などと考えるのは、人間の大脳（とくに大脳の前頭前野《ぜんとうぜんや》）が発達しているからできることです。

だから、「よく使うものは近くにしまおう」「みんなが使うからリビングにしまおう」などと考えて片づけるのはとても高度なことですし、一生懸命に前頭前野で自分をコントロールしているのです。

片づけることは、ハイレベルなこと。すごいことなのです。

そう考えると気が楽になりますよね。

たとえばお子さんが部屋を散らかしているのを見て、「こんなに散らかして！」と親は怒るものですが、子ども本人は「(散らかしているわけではなく）ただ、ここに普通に置いていているだけ。なぜいけないの？」と思うようです。

それは、人それぞれ、「これが普通」という状況が違うということなのです。だから自分の「普通」とずれたときに、「散らかっている、出しっぱなし」＝ダメ、となるわけです。

子どもと親はそもそも認識が違います。だから、散らかしっぱなしのダメな子ではなくて、「動物として自然に生きているのね」としみじみ眺めればいいんです（笑）。**もしも子どもが出したものを元に戻したら、それは素晴らしいこと！　だから、少しでも片づけられたらほめてあげてほしいのです。**

完璧でなくてもいい。どこを自分のスタンダードにするかで、感じ方は変わるのです。

人間は片づけないのがスタンダード。
少しでも片づけられたらほめてあげる。

#「片づけなくていい」を受け入れよう

よく収納の本に、「ものの住所をつくりましょう」と書かれています。本はここ、衣類はここ、調理器具はここと住所を決めたら、その通りそこにしまえばいいのですが……。できない人にはできないのです。それはなぜでしょう?

時間がたっぷりあって、人間脳を使う余裕のある人、片づけが得意な人、大好きな人だったらその通りにできるかもしれませんが、大半の人はそうではありません。

片づけはダイエットと同じ。「太るから甘いものは食べてはいけない!　やせなくちゃ!」、そう思って食べたい気持ちを抑圧していると、逆に甘いものが頭に浮かんできて、どんどん食べたい気持ちが抑えきれなくなってくる……。そんな経験はないでしょうか。一時は我慢できても、結局リバウンドしてしまったということ、よく聞きますよね。

「片づけなくちゃいけない」なんてプレッシャーをかけてしまうと、「めんどくさい」

「やりたくない」の思いが強くなってきませんか。建築の力学の法則と同じで、上から気持ちを抑えつけていると、反発するものなのです。

だから、「しなければならない」と思った途端にできなくなる。義務と思ったら、もう最後、心の中の戦いの始まりです（笑）。

片づけることを誰かに求めても同じようなことが起きます。

こんなご夫婦がいます。

妻はいつも夫に「片づけて」ばかり口癖のように言い続けている。「私は散らかっているのが嫌いなの」と。

上から命令されている夫はそれに対抗して、どんどん散らかしていく。すると妻の「片づけて！」の頻度は増え、語気は強くなっていきます。すると、夫の散らかりもエスカレートして……これでは逆効果！

そんなときは一度、**「片づけなくてはいけない」という考えを手放しましょう。**

片づけを「やるべきこと」と考えると、できていなければ自己肯定感も下がってしまいます。家族の誰かから指摘されれば、「承認されていない」と感じてしまいます。

「動物は片づけないのがスタンダード。だから**片づけなくてもいいんだ。もしも片づけられたら、すごいことなんだ」と思えると、一気にプレッシャーがなくなります。「片づけてもいいし、片づけなくていい。どちらでもOKなんだ」ということを受け入れられたそのとき、片づけることは「欠けている自分」を埋める行動ではなく、ポジティブな行動に思えるようになります。**

そうすれば、「片づけてみようかな」という気持ちにもなります。

少しでも片づけたら、「家族が喜んでくれた」「自分も気分がよかった」という体験を重ねるうちに、片づけることが楽しくなっていきます。

ところが、人間脳の前頭前野の活動はストレスがあると機能が抑えられてしまいます。そうすると、普段は抑えている衝動に負けてしまうといわれます。

つまり、疲れているときやお腹がすいているときに片づけるなんて、なかなか難しいのです。生きるための欲求のほうが優先。疲れているときは休みたいし、おなかがすいていれば食べたいし、そちらを満たすことのほうが大事です。

・・・・片づけを「やるべきこと」にしない。「片づけなくてもいい」と考える。

散らかりにくい部屋の法則

散らかる原因に、欲求が満たされないことがある、ということは理解していただけたと思います。生きていく上での生理的欲求や安全、所属と愛の欲求が満たされていないのに、「散らからないようにしよう」「片づけよう」なんて思えませんよね。

では、どうしたら散らかりにくくなるのか。

動物の行動は、痛みを避け、快を求めるという特徴があります。基本的欲求が満たされないなら「痛み」、満たされるなら「快」です。

人間が避けたい「痛み」は、

●身の危険　●飢え　●エネルギー消耗　●不潔　●暗闇
●不自由　●監視　●なわばりの侵襲　●仲間はずれ
●愛されない　●存在の否定　●感謝されない　●自己否定……など

一方の得たい「快」は、

●身の安全　●豊富な食糧　●省エネ・楽　●清潔　●光がある　●自由
●周囲の様子をうかがえる　●なわばり保持　●仲間に大切にされる
●愛される　●存在の肯定　●自己承認　●感謝……など

「片づけ」は「エネルギーを消耗する」ものですから、「痛み」を伴います。

片づけることが「痛み」になっているうちは、行動することが難しいもの。

ということは、**それを「快」の方向に変えていけば、片づけが苦ではなくなります**よね。

そのために、住まいの片づけが「楽にできる」ようにしかけておく必要があります。

人が避けたい「痛み」と得たい「快」

		「痛み」		「快」	
マズローの欲求段階説		避けたい感情	避けたいこと	得たい感情	得たいこと
基本的欲求＝欠乏欲求	承認の欲求（自己承認 他者承認）	不安 悲しい つらい 苦しい 怖い	• 自己否定 • 感謝されない • 存在の否定	自信・確信 誇らしい 安心	• 自己承認 • 感謝 • 存在の肯定
	所属と愛の欲求		• 愛されない • 仲間はずれ	愛 安心	• 愛される • 仲間として大切にされる
	安全の欲求		• なわばり侵襲 • 監視 • 不自由 • 暗闇 • 不潔	安心 安らぎ のんびり・ゆったり	• なわばり保持 • 周囲をうかがえる • 自由 • 光・明るさ • 清潔
	生理的欲求		• エネルギーを消耗 • 飢え • 身の危険	安心	• 省エネ・楽 • 豊富な食糧 • 身の安全

では、ここから具体的な「片づけが楽にできるしかけ」のルールを紹介しましょう。

ラクに片づくしかけ 1
散らかりにくい「サッと収納」の法則

こんな例があります。

あるハウスメーカーが建てた、収納がとても多い家がありました。収納がたくさんほしいから、2階に6畳ほどの収納部屋と広いウォークインクローゼットがあるほか、納戸《なんど》まであありました。それなのに1階はとても散らかっていたのです。

なぜでしょう？　2階にものを持っていくことが面倒くさい、つまり、「痛み」だったからです。

階段下に収納があるお宅もよくありますが、頭や腰を低くしないと収納できない場合、同じように面倒なので散らかりにつながります。遠い場所にある収納や奥深い収納も同じです。

収納が苦手とか、すぐ散らかしてしまうと落ち込む方がいますが、それは片づけることが「痛み」になっているからではありませんか。散らかるのは、あなたのせいではなく、住まいのせいかもしれません。

人間は楽をしたい生き物です。何も考えずに通り道にサッと収納できたら「快」ですよね。

最も散らからない収納の条件は、毎日の通り道にあって、一目で見られ、浅くて出し入れがしやすいことです。とにかく、できるだけエネルギーを消耗せずに出し入れできるということがポイントです。

そう考えると、玄関から通り抜けられる収納や、リビングやキッチンまでの廊下の壁をできるだけ長い距離で収納にするのがいちばんよいのです。

廊下がなければ、玄関から入ってすぐの場所に、なんらかの収納をつくるといいでしょう。

玄関にある、下足入れの上に鍵や宅配便の受け取りの際に押す印鑑のほか、郵便物や帽子やバッグなどがごちゃっと置かれているお宅もあります。また、服やバッグをリビングのソファ周りに置いて、リビングが雑然としているお宅も。

これも人間の心理としたら当然です。楽な場所に置きたいですものね。だから、そういったものを「置いてほしい場所」にサッと置きやすいような工夫をすればいいのです。名づけて**「サッと収納」**です。

その場所は、できるだけ玄関付近、自分のいつもの通り道、ものを使う場所の近くに設けること。そして、しゃがむ、廊下を曲がる、扉を開けるなどのアクション数（行為の数）を2以内にします。

玄関近くに鍵や印鑑を置く小さなトレイを置いたり、帽子やバッグを掛けるフックをつけたり。簡易な小さな棚を取り付けてもよいです。アクション数は「置く」または「掛ける」だけなので1ですね。

私の家はマンションで玄関にある下足入れは天井まであり、小物を置く棚がありません。そこで、玄関を入ってすぐのところに奥行き20㎝くらいの細い木のベンチを置いています。

そこに印鑑や鍵を入れる小物入れを置き、その日に持っていく必要な書類を忘れないように置き、ベンチの下には新聞をまとめる紐とハサミを収納するバスケットを置いています。ベンチの上部の壁は、帽子やバックを掛けるフックをつけています。

玄関付近を通るついでに「サッと収納」のしくみ

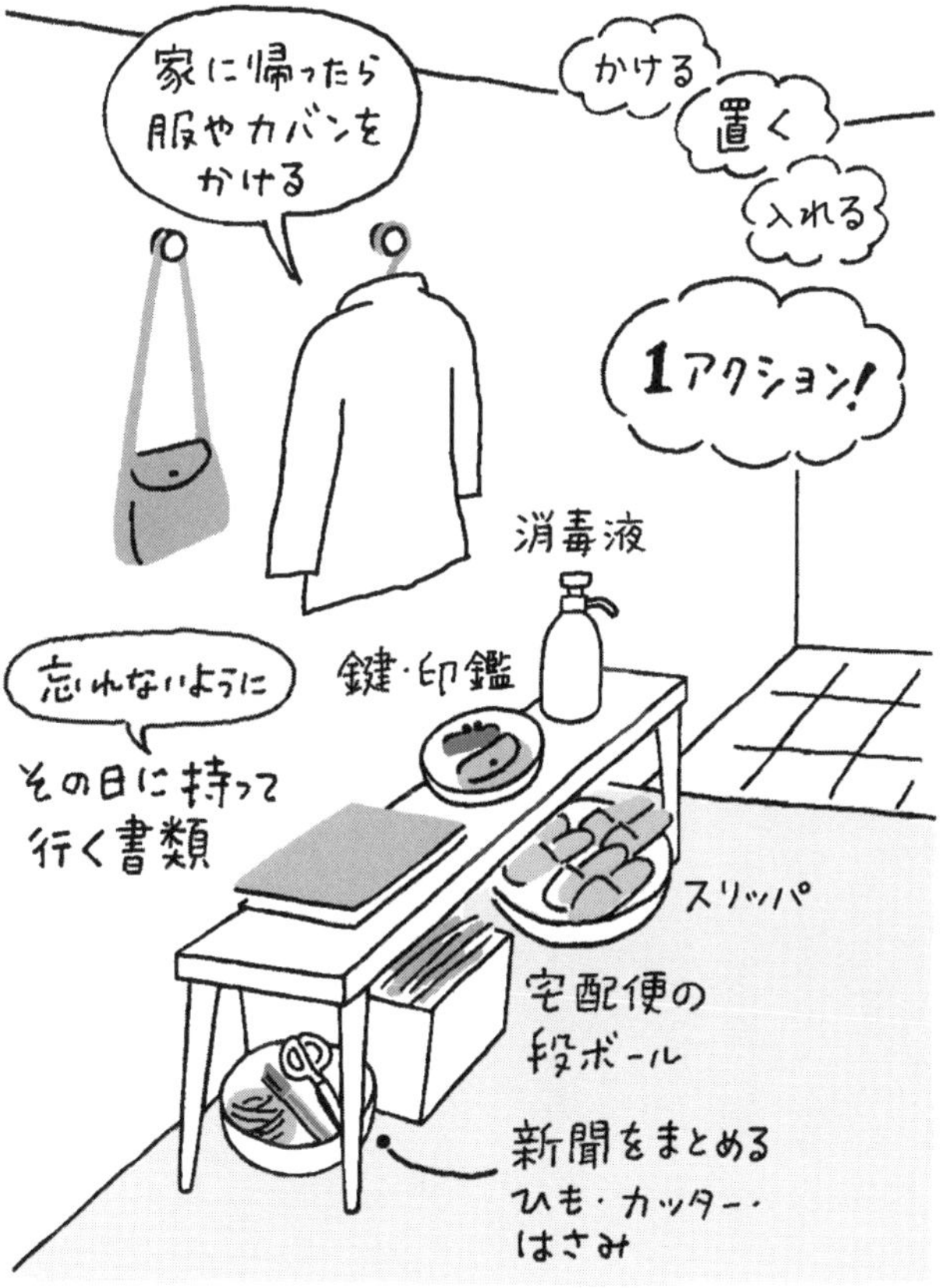

また、玄関を入ってすぐにある寝室の壁にもフックをつけて、コートやバッグ、帽子を掛けられるようにしています。この場合のアクション数は、(寝室の扉は通常開けているので)廊下から寝室に向かって「曲がる」「掛ける」の2アクションです。

帰宅すると服やバッグをリビングのソファに置いてしまう場合には、玄関からリビングのソファまでの間にサッと収納をつくりましょう。

これも「痛み」と「快」の法則で、リビングのソファ周りをスッキリさせたいなら、ソファよりも奥まった場所に置き場所を設けてもなかなか使ってくれません。考えることなく、通るついでにサッと置けるのがベストです。

もし、帰ってからまっすぐに行く場所がキッチンやダイニングなら、その手前にサッと収納がおすすめです。

玄関から入ってすぐに「サッと収納」をつくる。

ラクに片づくしかけ②
散らかりにくいクローゼットの法則：サッとパッとるんるん

マンションに多いのが、奥行きがあって収納力はあるけれど行き止まりの狭くて暗いウォークインクローゼット。

先ほどの「痛み」の心理で、**人間は狭くて暗いところや逃げられないところ、身動きがしにくいところに行きたくないもの。だから奥深い、行き止まりの暗いクローゼットには入りたくないと無意識に感じます。**このようなクローゼットでは、なかなか片づきません。

どうなるかというと、クローゼットは入り口付近しか稼働しない状態になります。そして入り口周りやリビングにポイッと衣類を置いて、よく着るものだけ山積みになっている。クローゼットの奥は何があるかわからないカオス状態。探すのも面倒なので着ない服が増える。

理想のクローゼットは、中身がパッと一望でき、サッとできて、るんるんと鼻歌が

歌えるくらいの明るさや動きやすさがあることなのです。

これなら収納することが「快」になります。アクション数は3までがベスト。数が増えると、どんどん片づきにくくなっていきます。

まとめると、**収納のNGは、「遠い場所にしない、行き止まりにしない、奥深くしすぎない、狭くて動きづらくしない、暗くしない、アクション数を5以上にしないこと」。片づく収納はこの逆で、「毎日の通り道にある、通り抜けできるようにする、中身を一望できる、ゆうゆう動ける、窓をつけるなど明るくする、アクション数が3以下にすること」**です。

人間の「快」と「痛み」を考えずに、どんなに多くの収納スペースをとったところで、使えない収納になってしまいます。

アクション数が3以下の「サッとパッとるんるん」クローゼットにする。

ラクに片づくしかけ3
ゴミの法則：ゴミはゴミを呼ぶ

みなさんはゴミ箱をどこに置いていますか？

ゴミ箱が1カ所しかなかったら、そこまで捨てにいくのは面倒ですよね。

ご家族のなかに、ゴミが出るとそのまま下にポイ捨てする人、いませんか？　ならば、その人がいつもゴミを捨てるその場所に、ゴミ箱を置いておきましょう。

夫がソファの周りに、塗るタイプの肩こりの薬や飲み薬、メガネなど、自分のものを持ち込んで散らかすのがストレスだというご相談を受けたことがあります。

そこで、夫がいつも座るソファの近くに、それらの小物がちょうど入るサイズの箱をそっと置いてみてください、とアドバイスしました。

そうしたら、あら、不思議。「片づけて」とか、「その箱にしまってね」なんて言わないのに、夫がその箱にしまうようになったそうです。

また、コロナ禍でマスクが家のあちこちに置かれるようになって困っていた方には、玄関に入ったところか洗面所などに、ちょうどマスクが入る大きさの入れ物を用意して、マスクを1枚入れておいてください、とアドバイスしました。

先にマスクを1枚入れておくのは、サンプル見本として、です。そうすると「マスク入れ」などと書かなくてもマスクを入れてくれます。

心理学の「割れ窓理論」をご存知の方もいるのではないでしょうか。

割られた窓ガラスをそのまま放置しておくと、さらに窓ガラスが割られ、やがてその地域全体が荒廃してしまい、犯罪が多発するようになる現象です。

廃墟があって窓ガラスが割られていたら、「ここはそうやって雑に扱っていい場所なんだ」と認識されてしまうということです。

たとえば、誰かがゴミを捨て始めると、みんながゴミを捨てていきます。自転車のカゴにゴミがたくさん入っていることがありますよね。ゴミはゴミを呼ぶのです。きれいな塀には落書きしないけれど、荒れているところや誰も見ていないところには落書きされていたりします。

それと同じで、家が散らかっていると、「散らかしていい」と思ってしまいます。ダイニングテーブルに家族の誰かが自分のものを置き始める。すると、ほかの家族も置き始めて、食事をするスペースが半分になってしまった、なんてことも。

逆にそこがきれいに片づけられていると、汚すのを躊躇《ちゅうちょ》しますよね。だから、ゴミがゴミを呼んで家が散らかる前に、ゴミはすぐ拾う、ゴミ箱を設置する、ものの置き場をつくるなどしましょう。

こんなふうに人間の心理を上手に使っていけば、散らかりを減らしていくことができるでしょう。

ゴミはゴミを呼ぶ。ゴミを呼ばないようゴミ箱は散らかるその場所に置く。

ラクに片づくしかけ 4

「これゴソ」収納の法則

25年以上前に、私の人生の転機となったお客さまのような片づけが苦手な方に、ものの住所を詳細に決めた収納はつくってはいけませんでした。

なぜなら、**ものの住所が詳細に決まっているほど「やるべきこと」が多く、できなければ、どんどん自己肯定感が落ちていってしまう**からです。

そこでおすすめしたいのが、ゴソッとしまえる収納。来客があったらとりあえずゴソッとしまって隠しておける収納、**「ゴソ収納」**です。

人には「これ領域」「それ領域」「あれ領域」というものがあります。

あなたの部屋を見回してみてください。手元にある本やスマホ、近くにある家具、少し離れた収納に対して、「これ」「それ」「あれ」、どの指示語を使うでしょう。「この本」「そこの棚」「あのクローゼット」など、無意識に「これ」「それ」「あれ」を使い分けていませんか。

人は自分の周りに見えない心理的な領域をもっています。たとえば、自分が「これ」と言えるものは、自分の領域や、すぐ触ったり動かしたりできる領域に対して、無意識に使っている指示語です。自分から少し離れて簡単な動作で触れたり動かしたりできる場合、または相手の領域内にあるなら「それ」、アクセスするのが遠いものには「あれ」を使います。

収納は、「この収納」と言える場所にあると片づけやすいです。なぜなら、心理的な距離が近くて楽にできる（と本人が感じている）からです。

1階のリビングでほとんどの時間を過ごしているのに、2階に収納があったとしたら、「あの収納」になりますよね。面倒くさくて「あれ収納」にはなかなかものを片づける気にはなりません。

「これ」「それ」「あれ」領域は、人それぞれ違います。対象との距離が同じであっても、子どもやシニア、動くのが面倒だなと感じる人は、「これ領域」が小さい傾向にあります。

したがって、**その人にとって「これ収納」にすることが重要です**。なかなか片づけられないという方は、収納が「あれ収納」になっていないか、確認してみてください。

少なくとも「それ」領域に収納を設けることが散らかりにくくするコツです。

加えてゴソッとしまえる収納にすると、とても楽になります。「これ収納」に「ゴソ収納」をつくるのです。

もし、今もう一度、冒頭のお客さまに収納を提案するとしたら、奥行きが浅めで、とりあえずゴソッと入れられる「これゴソ収納」を提案するでしょう。

「これゴソ収納」は、引き戸を開けると棚があるだけのものでかまいません。引き戸を閉めてしまえば、ひとまず目の前に散らかりはありません。その状態を〝片づいている〟ということにしてしまえばいいのです。

いつも目の前にものが散らかっていると、〝片づけなきゃ、片づけなきゃ〟と気になり、できない自分を責めてしまう。それなら、もう視界からなくしちゃいましょう！

そして、「これゴソ収納」がある程度たまってきて、もう入れられない、大変、となったときや、探し物がストレスになったときに、エイッと気合いを入れて家族みんなで片づければいい。年に1回くらいで十分です。

「ゴソ収納」の収納の仕方は、自分がやりやすい方法でかまいません。たとえば冒頭のお客さまは、段ボールに書類がたくさん入っていましたが、それをそのまま入れてしまってもいい。いざとなったら段ボールごと引っ張り出せばいいのです。

もっと小さなものなら、ちょっとずつ分けられるカゴやケースにゴソッと入れる。衣類が散らかってしまう人は、上のほうに突っ張り棒をつけて、ハンガーで洋服を掛けましょう。

家族がいる場合は、それぞれに「これ領域」が違いますから、各自のものを収納する場合、家族間で「これゴソ収納」がかぶらないようにする必要があります。

自分のものを勝手に動かされるのはストレスになります。また、きょうだいのものがごちゃ混ぜになって「これ誰の〜？」というのは面倒です。それぞれのなわばりだけは、はっきり決めておきましょう。

一方で、リビングなど家族の共有スペースに、つめ切りやはさみなど、みんなが使うものを収納する場合は、家族みんなの「これ領域」を収納場所に選びましょう。

よく使う物は「これ収納」に、片づけが苦手な人は「これゴソ収納」にする。

見た目がスッキリするしかけ　左側の法則

最後に、どうしても片づかない、ものを減らすのも難しい、という方に、**「ただ、ものの置き場を変えるだけでスッキリする」左側の法則**をお伝えしましょう。

それは、**いつも座る場所に座ったとき、視野の左側にあるものを動かしてスッキリさせる**ことなのです。

「スッキリしている」「素敵」「部屋が広い」などという感覚的な印象をとらえるのは、多くの場合、右脳が担当しています（注：逆の人もいます）。

右脳は、人の視野の左側に見えるものの情報を処理しています。そのため、**視野の左側をスッキリさせると、〝散らかっている感〟が減るのです。**

同じだけのものが目の前にあったとしても、視野の左側から右側に、ざーっとまとめて移動させるだけも印象が変わります。

ものが減ってスッキリしたスペースに、好きな絵や花を飾ると、さらに「スッキリしていて素敵」な印象になります。ぜひ、やってみてくださいね。

もちろん、視野の右側の印象を優位にとらえる「右視野優位」の方もいます。私が調べたところによると、80〜85％程度の方が左視野優位、10〜15％が右視野優位、10％前後がどちらでもない方でした。

あなたはどちらが優位かわかるテストが巻末のＱＲコードから受けられますので、ぜひやってみてください。もし、右視野優位の結果が出たら、視野の右側にあるものの量を減らしてスッキリさせましょう。

……

スッキリさせたいなら、視野の左側に見えるものを減らす。（逆の場合もある）

第1章のまとめ

「心が満たされれば、散らからない」部屋づくりの法則

人生のさまざまな問題やストレスは、自分の欲求が満たされないために起きるものです。まずは、人間の基本的欲求（「生理的」「安全」「所属と愛」「承認」）を満たすことが大切です。

私の経験上、8割近くの方が「散らかっている、片づかない」というストレスを抱えています。そこには、片づけを「やるべきこと」と考えているから起きるジレンマやストレスがあります。人間は動物として、本来片づけないのがスタンダードなのです。そう気楽に考えて、「楽に片づけられるしかけ」をつくっていきましょう。

余計なストレスをなくせるように、「自然に片づきやすい部屋」をつくってください。

- □散らかっているストレスがあるなら、まず、自分の本当の欲求を満たす。
- □人間は片づけないのがスタンダードだから、「片づけても、片づけなくてもいい」と考える。
- □少しでも片づけられたらほめてあげる。
- □自然に片づけやすくするには、玄関から入ってすぐに「サッと収納」をつくる。

□クローゼットは、アクション数3以下、通り道にあって通り抜けでき、中身が一望できて、ゆうゆう動けて、明るい収納にする。

(アクション数が3以下の「サッとパッとるんるん」収納にする)

□ゴミはゴミを呼ぶので、ゴミ箱は散らかるその場所に置き、ゴミが落ちていたら気づいたときにすぐ拾う。

□よく使うものは「これ収納」に、片づけが苦手な人は「これゴソ収納」にする。

□いつも座っている目の前をスッキリさせるには、視野の左側に見えるものを減らす(逆の場合もある)。

第2章

家族関係がよくなる部屋の法則

家具の向きを変えるだけで、
自然に仲良くなる

家は、居心地がよく家族が安心して過ごせる場所であるのはもちろん、お互いに愛情を感じながら仲良く過ごすための場所でもあります。

一人の時間や集中できる場所は大切にしながらも、家族が仲良く暮らすために必要なこと。それは意識して会話を増やすとか、相手を気にかけながら暮らすとか、ちょうどいい距離感を保つとか、いろいろあるかもしれません。

でも、そんな努力をしなくても、もっと簡単にいい関係が築ける方法があるのです。

この章では、家族や夫婦が〝がんばらなくても〟自然に仲良くなれる部屋づくりの法則を紹介していきます。

自然に会話が増える「視野60度」の法則

私たち人間は両目が顔の前側についていますから、視界は前方180度程度です。でも、視界の中に入っているものをすべてを認識しているわけではありません。実際には注意を向けている限られた範囲だけしか「見えていない」のです。**視野60度を超**

えたところにいる人の表情や顔色はわからないのです。

視野60度以内に入っている目の前が散らかっていたり、いろいろな種類の書類があったりすれば、疲れてしまいますし、落ち着きません。

視野60度の法則は、家族関係にもとても重要です。

なぜなら、**視野に入らなければ顔が見えないので、近くに相手がいたとしても会話が成立しないことにつながるからです。**

まずはお互いが視野に入るような間取り、もしくは家具のレイアウトにすることがとても大切です。


次のページの図を見てください。

あなたが帰宅して「ただいま」と言ったとき、キッチンに立っているパートナーは洗い物をしながら「おかえり」と答えます。

あなたならどう感じますか？

……背中を向けたまま返事をされただけで、なんとなく、「今日は機嫌が悪いのかな？」「今は話しかけちゃダメなのね……」と思ってしまうかもしれません。

いつも後ろからあいさつしていたら……

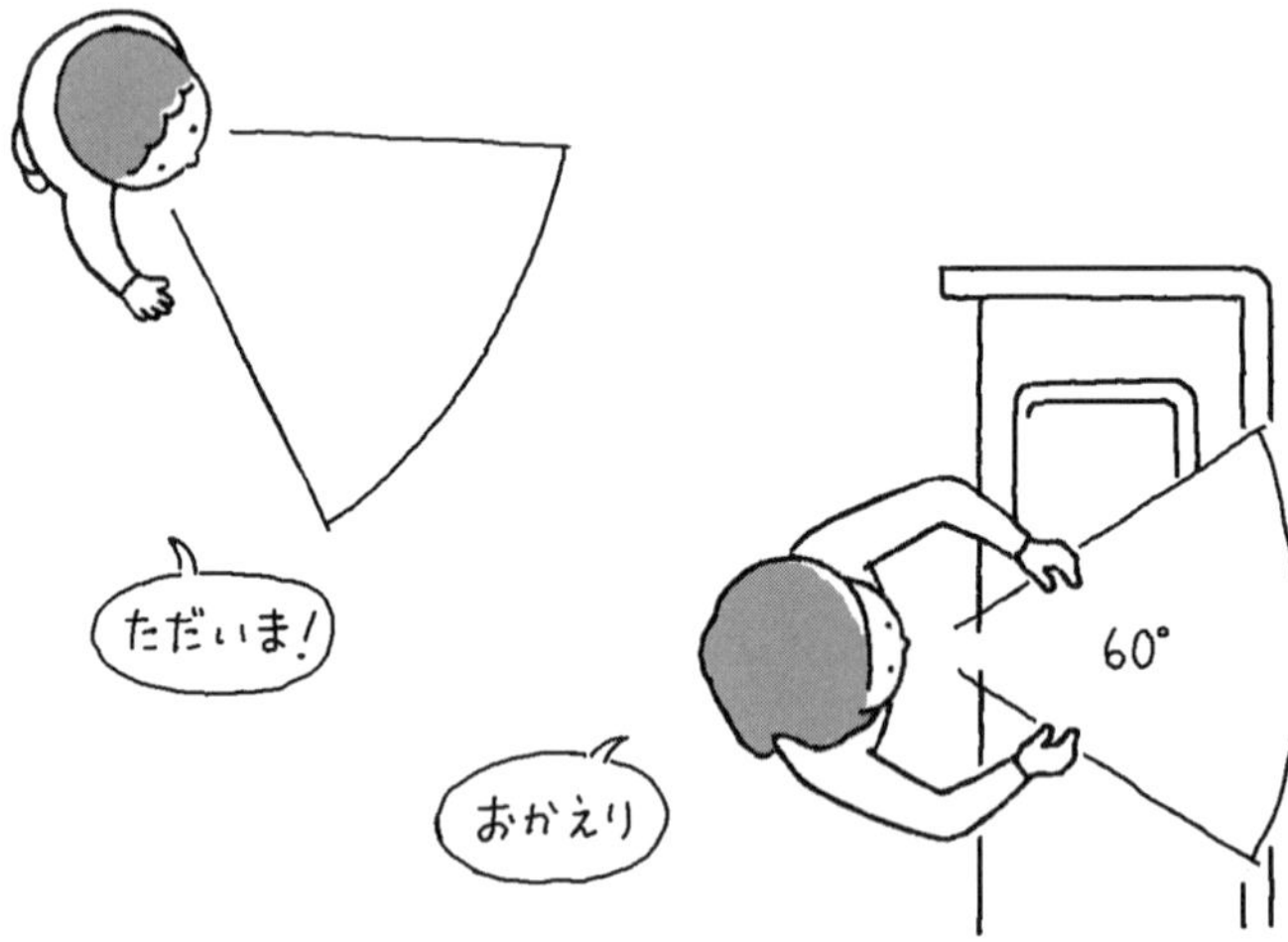

海外なら、帰宅をしたらハグをしたり、老夫婦でもキスをしたりしますよね。残念ながら（？）日本人にはそのような習慣はほとんどありませんから、この状況だけで、なんとなくそっけない関係になってしまったような気がします。

もし、子どもが帰ってきたとき、毎日ママに背中を向けて返事をされていたらどうでしょうか。今日あった楽しいことを話す機会を失ってしまうかもしれません。

キッチンがこのようなレイアウトになっていれば、わざわざ振り向いて笑顔を向けない限り、この状況は「毎日」「確実に」続くのです。

いつも後ろから話しかけていたら……

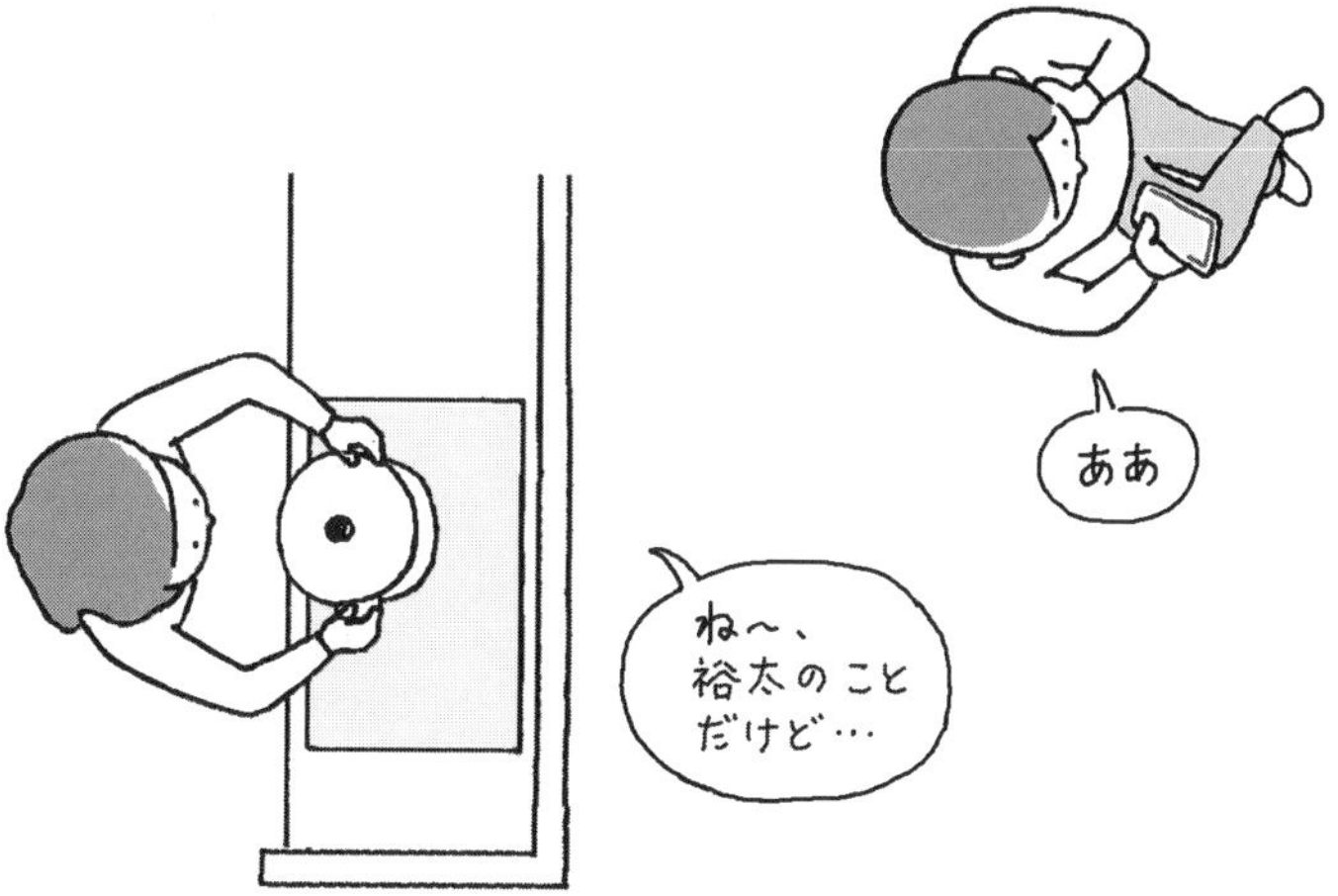

次のケースです。

キッチンであなたが洗い物をしています。ソファに座っているパートナーに、子どものことを相談したいあなた。

「ねえ、裕太のことだけど……」

ソファに座ってスマホを見ているパートナーは、普通に返事をしたつもりです。あなたの話に興味がないわけではありません。でも、あなたはどう感じるでしょう。

ちゃんと話を聞いてくれないと不満に感じ、「ちゃんと聞いてよ！」とだんだん口調が強くなっていくのでないでしょうか。

こんなふうに、いつもいつも背中を向けて気のない返事をされ続けていたら……。

「私は軽く扱われている」「もう相談するの

なんてやめよう」と思うかもしれませんし、夫婦の会話も減り、信頼関係も失ってしまうかもしれません。

でも、本当にパートナーはあなたの声かけや話の内容に興味がなかったのでしょうか？　いえいえ、決してそんなことはありません。

これはすべて、間取りや家具のレイアウトの問題だったのです。誰のせいでもない、まったくアイコンタクトのない会話になってしまう間取りやレイアウトのせいなのです。

私の講座では、目を見ないで1分間の会話をするとどんな気持ちになるのか、実際に体験するワークをしています。

左ページの図を見てください。

図の①は背後から話しかけるケース、②は真横から話しかけるケース。

②のほうがまだマシなように思えますが、実際は同じくらい「聞いてもらえていない」「なんか拒否されている」「大事にされていない」と感じます。話しかけられたほうが、いくら「そうなんだ、よかったね」などと答えたとしても、印象は変わりま

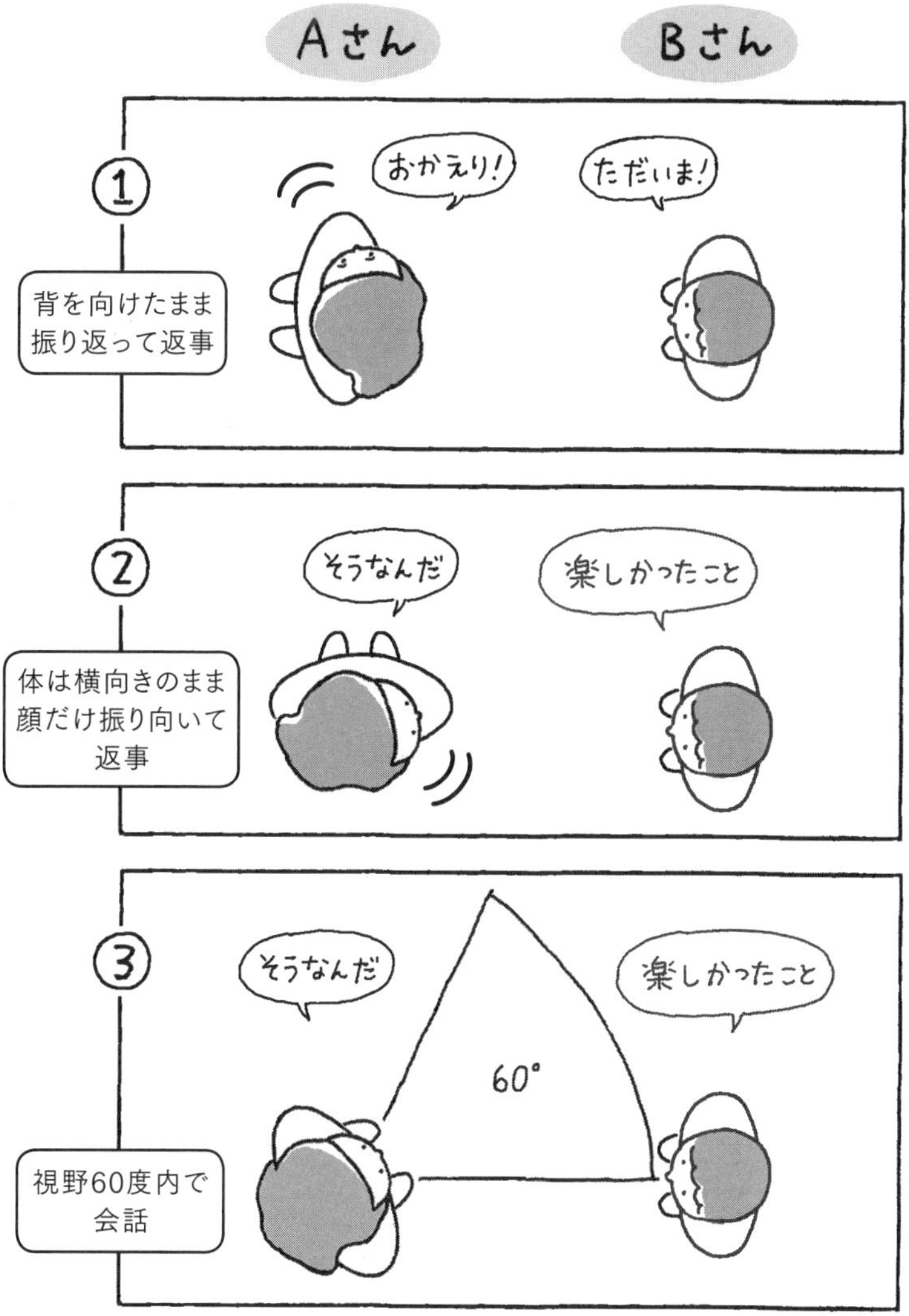
Aさん
Bさん
①
背を向けたまま振り返って返事
おかえり!
ただいま!
②
体は横向きのまま顔だけ振り向いて返事
そうなんだ
楽しかったこと
③
視野60度内で会話
そうなんだ
楽しかったこと
60°

せん。

では、③はどうでしょうか。相手が「視野60度」に入っています。同じ内容でも、話が盛り上がります。このとき初めて、話しかけたほうは「聞いてもらえた」と感じ、本当の意味で会話が成立するのです。

こうしてレイアウトや家具の向きが変わっただけで、会話の質、盛り上がり方、相手の印象が変わり、2人の関係も変わっていってしまいます。

お互いの位置が視野60度から外れてしまうと、自然な会話が起きにくく、けんかになりやすいのです。

もともと愛情はあるにもかかわらず、たまたまキッチンが背を向ける配置だった、ソファが背を向ける配置だっただけで、「話をちゃんと聞いてくれない」といったストレスや不満が少しずつ、365日、たまっていきます。

夫婦ゲンカになりにくいように、視野60度内で会話できる家具の向きにする。

家族の会話はテレビの位置で決まる

リフォームしてキッチンの向きを変えることは難しくても、ソファの向きを変えることはできるはずです。

では、ソファの向きって、何によって決まると思いますか？

多くは、テレビの位置で決まります。テレビをどこに置くか。それにかかっていると言っても過言ではありません。

どんなにキッチンカウンターがリビングのほうを向いていたとしても、テレビの位置によっては、キッチンに背を向けて座ってしまいます。

さらにそのテレビの位置は、壁についたアンテナとコンセントの位置に左右されます。こればかりはどうにもならないこともあります。

ハウスメーカーによっては、テレビのアンテナとコンセントは、大きな壁の隅につけるなどのルールがあったりします。でも、それだと自由度が低いですよね。

最近では、テレビの電波を部屋の中で飛ばせる商品も出ています。壁についたアンテナの場所に関係なく、電源さえあれば、好きな場所にテレビを置くこともできます。あるいはキャスター付きのテレビにして移動させてもよいですね。

できるだけ**リビングやダイニングで過ごす家族と、キッチンに立つ人が、お互い視野60度の範囲に入るようにテレビと家具を配置してほしいのです。**

そうすればキッチンに立っている人と、ソファで過ごす家族との会話がスムーズになり、共有感やつながりも生まれます。

「それだけ？」と思われる方もいるかもしれませんが、本当に大事なことなのです。

相手の表情がわかると、一緒にテレビを見て笑ったり、自然な会話が生まれて、どんどん夫婦や家族が仲良くなります。

私が行った調査では、キッチンからリビングやダイニングの見通しが悪いと、男女共に疎外感を感じ、ストレス度が高まり、健康感と幸せ度が下がるという結果が出ています。

これはキッチンで作業する人と、リビングやダイニングで過ごす人との会話のしづらさによるものです。そのストレスによる健康への影響は、女性のほうが男性の2・7倍も大きかったのです。

ある男性にこの話をしたら、家に帰ってすぐにソファの向きを変えたそうです。これまで妻が怒ってばかりいて、何度となくけんかをしかけられていたそうなのです。

そこで、ソファの向きを変えたら、

「本当に妻が怒らなくって夫婦げんかが減ったんですよ」

と驚いていました。

キッチンに立つ人とリビングやダイニングで過ごす人が、お互い顔が見えるようにソファとテレビの向きを配置する。

会話が優しく聞こえる「言葉尻」の法則

「視野60度の法則」とも関連しているのが、「言葉尻の法則」です。

家族が3・6m以上離れて話しかけると、同じことを話しても、自然と言葉尻がきつくなるというものです。

同じことを話しかけていても、距離が近いのと、3・6m以上離れて話しかけるのとでは、無意識に言い方が変わるのです。

たとえば、隣に座っている子どもには「宿題やった?」と優しく言えるのに、3・6m以上離れていると、「ねえ、宿題やったの〜!」ってなりますよね。それだけで印象が大きく違います。今、遠くに誰かがいると思ってやってみてください。

キッチンから離れたソファに座っている家族に話しかけるときも、

「ねえ、来週のことだけどさ」

と優しく話しかけても聞こえません。すると、ついつい、

「ねえ〜、来週だけど！　ねーーってば！」

なんて言葉尻が強くなってしまいます。

そうなると、「なんだよ、うるさいなー」「そんなに怒鳴らなくてもわかってるよ！」「そんな言い方しなくたっていいじゃん！」なんて、する必要のないけんかに発展してしまったりして。そんなの悲しいですよね。それは距離の問題だけであって、言っている人の性格がきついわけじゃないのです。

距離の問題だけだったんだと気づいたら、お互いの居場所を少し近づけたり、近くに行って話しかければいいだけのこと。

間取りによってはキッチンの位置は変えられなくても、キッチンからなるべく近いところに子どもの居場所やソファを配置したほうがいいのです。

通常、家を建てるときや、住む家を探すときに、家族が自然に〝コミュニケーションできるか〟という視点は抜けがちですが、ちょっと意識するだけで本当に家族との関係が変わってきます。

実は私もそうでした。

子どものころ住んでいた家は、1階にキッチン、2階に子ども部屋がありました。母はいつも夕飯ができると、階段の下から「みゆきーー！　ごはんよーー!!」と大きな声で呼ぶのです。

「はーい」と私は言っているのですが、遠くて母には聞こえません。今度は、階段の横の壁をドンドン叩いて、「みゆきー！　ごはん！　ごはんできたよ!!」。

今では笑い話ですが、当時は「なんでごはんのたびに怒られるんだろう」と思っていました。だから、なかなか1階に下りなかったのです。

でも考えてみたら、愛情をもって毎日ごはんをつくってくれているわけですよね。部屋が遠いばかりに、声が大きく言い方が強くなっているだけ。

もし、子ども部屋がすぐ近くにあったら、「ごはんできたよ」と笑顔で言ってくれる優しい母なのです。

この話を講座でするると、意外にも多くの人が同じ経験をされていることがわかりました（笑）。

「ごはんできたよ！」「できたってば!!」「わかってるよ!!」と、けんかしているご夫婦や親子の多いこと。「ごはんをつくったから、温かいうちに一緒に食べよう」って伝えたいだけなのに、なぜけんかになってしまうのでしょう。

幸せなはずの食事が、住まいのせいでけんかの種になってしまうのは悲しすぎます。聞こえない、あるいは聞こえづらい位置関係にあると、言葉尻がきつくなるだけではありません。その状態が続くと、やがて話すことをあきらめてしまいます。

高齢者のいるご家族からよく聞く話で、耳が遠くなった高齢者に話しかけても聞こえていないから会話が成立しない。高齢者のほうも、よく聞こえていないけれど、聞き返すのも面倒で、適当に返事をしてしまう。すると話しかけるほうも「よく聞こえてないから、まあ、言わなくてもいいか」となってしまいます。

ついには事務的なことや、用件を伝えるのみの会話になってしまったりします。

こんな寂しいことにならないようにしたいものですね。


……人は距離が離れるにつれ自然に言葉尻が強くなるので、会話は3・6m以内でする。

つながれる「家族の距離」の法則

リビングダイニングや居間で家族が過ごすとき、つながりや共有感を得やすい距離があります。

それが、**家族のそれぞれの居場所が、直径3〜3・5mの円周上にある**ことです。

この距離感にいると、一緒に過ごしている共有感を持ちながら、好きなことをしつつ、話したいときに話せる関係が築きやすくなります。もちろん話すときも、言葉尻が強くなることはありません。

たとえそれぞれが別々のことをやっていたとしても、つながっている感覚がもてるのです。

たとえば、夫がスマホをいじっていて、妻が本を読んでいる。子どもたちはテレビを観たりゲームをしたり。それでも「共に過ごしている」つながりを感じることができる距離になります。

家族のちょうどいい「距離感」とは

家族はお互いが気にならず、共有感がもてる3〜3・5mの円周上で過ごす。

だから、家族や夫婦関係をよくしたい、家族のつながりを大切にしたいときは、家族の居場所が直径3〜3・5mの円周上になるようにレイアウトすればいいわけです。

ちょうどいい距離感を保つために、リビングやダイニングは何畳くらいあったらいいのでしょうかと聞かれれば、18畳（約29㎡）程度が理想だとお答えしています。

広いリビングをご希望される方がとても多いのですが、あまり広いと、呼びかけるにも「ねえっ!!」と言葉尻が強くなってしまいます。

夫が料理したくなるキッチン、くじゃくの法則

家事は妻だけがする時代ではなくなりました。

以前に比べれば、キッチンに立つ夫も増えています。それでもまだまだ、「夫が何もしてくれない」「料理はいつも私（妻）がつくっています。たまには何かつくってほしい……」という声はよく聞かれます。

そこでお伝えしているのが、夫が料理したくなるキッチンです。

これは、「男性性」の特性を利用したもの。名付けて**「くじゃくの法則」**です。

くじゃくのオスは、メスに比べて羽が長く色鮮やかで目立ちます。これは、きれいな羽でアピールするため。

「俺ってすごいだろ？」というところを見せることで群れのなかで上位のポジションを獲得したり、子孫繁栄のためにメスを惹《ひ》きつけたりすることができるのです。

男性性の特性として、「自分のすごさを見せたい」という欲求があります。もちろ

ん女性にもありますが、男性はとくにそれが強いのです。

わかりやすい例を挙げましょう。

普段は料理をしないのに、お好み焼きや焼き肉店に行ったとき、バーベキューのときになると出てくる人はいませんか。あるいは、フライパンで大胆に料理を裏返したり、派手に炎を上げたりしたい人。それは、ヒーロー願望があるから。みんなが見ているからやるのです。陰ではなかなかやりません（笑）。

一方、多くの女性はそんなことありませんよね。バーベキューの野菜を切ったり、肉を串に刺したり、目立たないことをしていることも多いでしょう。

だから、夫にキッチンに立ってもらいたいなら、この特性を利用しない手はありません。

キッチンは、家族みんなから見てもらえて、「すごい！」と言ってもらえるようなオープンキッチンがいいでしょう。とくに自由に行き来できるアイランドキッチンはおすすめです。

ちなみに自由に動けて明るいアイランドキッチンは子どもにも大人気で、アイランドキッチンにしたら子どもが料理を手伝うようになった、という声もよく聞かれます。みんなから見てもらえるように、ダイニングテーブルは、キッチンがよく見える位置に配置するといいでしょう。

キッチンに立つ夫をさらにカッコよく見せるには、キッチンの背面をバーのように素敵にするのもいいですね。「誇らしい」気持ちや、「ワクワクする」気持ちを満たしてあげることができます。

そこまで背景を素敵にするのは難しくても、少なくとも背後にごちゃごちゃしたものが見えないようにしてあげましょう。後ろにゴミ箱があってごちゃごちゃしていると、途端にテンションが下がってしまいます。

夫が料理したくなるキッチンをまとめると、

1 みんなから見てもらえる
2 ＬＤＫの中心にある
3 背面が素敵でカッコよく見える

4 自由に動ける

この4つ。つまり、ヒーローになれる「ヒーローキッチン」です。そうすれば、食事をつくることが裏方仕事ではなくなるのです。もしも対応できるようであれば、ぜひキッチンを輝ける場にしてあげましょう。

逆に夫が行きたがらないキッチンはあるのでしょうか。
これがあるんです！　次のようなキッチンです。

1 誰からも見てもらえない
2 暗い
3 視界が開けていない
4 行き止まり

「暗い」ところが嫌いなのは、人間も含め昼行性の動物共通です。身の危険を感じるという意味もあります。「見てもらえない」のが嫌なのもわかりますよね。「視界が開けていない」のは、敵から襲われないかどうか、いつも見ていたいものだからです。

そして「行き止まり」のキッチン。かなり多くのお宅が該当するのではないでしょうか。

なぜ、多くの男性は「行き止まり」が嫌いなのでしょう？

オスは長い間、狩猟をしてきた動物なので、いつでも「逃げられる自由」が大事なのです。だから、追い詰められるのは嫌い。逆に、「追い詰める」ことは好きなんです。「壁ドン」するのは、たいてい男性でしょう？

行き止まりのキッチンで料理をしているとき、妻が入ってくると身動きできず、追い詰められるような感覚になってしまい圧迫感を感じるという方もいます。だから、行き止まりのキッチンよりも、ぐるぐると回遊できるアイランドキッチンがおすすめなのです。

また、キッチンとダイニングの間に壁があるクローズドなキッチンだと、料理しているることが見えず、ブラックボックス状態になります。何をつくっているのか、どのくらいまで進んでいるのかわかりません。

だから、「ごはん、まだ〜?」「あとどのくらいでできる?」なんて言われがちなキッチンですね。

なかで何が行われているかが見えないので、「知らない間に出来上がった料理が出てくる」ことになるのです。キッチンで働く大変さも見えませんし、リビングやダイニングで過ごす家族と会話がしにくいので、孤独になりがちです。

キッチンがもっと明るくオープンな場所になり、向かい合って一緒に作業したり、会話をしながら調理できる場になれば、そこはコミュニケーションの場になるだけでなく、クリエイティブで楽しい発見の場にもなります。

「見て! こんな形のピーマンあったよ」なんて言いながらキッチンに夫婦や親子で立ったら、キッチンは家族が集まる場所に変わります。

家を建てるとき、リビングを広くするために、場所をとるアイランドキッチンをあきらめる人が多いのです。

でも、**ママがストレスなく毎日笑顔でごきげんでいることは、家族みんなにポジティ**

ブな影響を与えます。

ですから、キッチンを裏方の作業場にしないで、どんどんリビングの真ん中に進出させてください。キッチンはみんなのリビングルーム。家族の笑顔が広がる場です！

家の間取り上、キッチンの変更が難しい場合や賃貸のお住まいで、キッチンがみんなから見えない場合、妻やお子さんが意識して行動することで夫の家事を促すことはできます。

それは、料理をしてくれている夫の隣に言ってほめること(笑)。妻が隣に行って「ほら、みんな、見て。パパ、上手だよ！」と子どもに伝えたり、お子さんなら「パパ、すごーい！」「おいしそう♪」と言ったり。

後片づけをしてほしいときも同様に、「わあ、きれいになった！　パパのおかげだね」などと言うと、きっとこれからも喜んでやってくれるでしょう。

……家族みんなで料理を楽しむには、ＬＤＫの中心にあってみんなから見え、背面が素敵で回遊できるアイランドキッチンにする。

自己肯定感が高まる「居場所」の法則

「家に居場所がない」と言う人がいます。

それでは心が休まりませんし、そんな家に帰りたくはないですよね。

間取りやレイアウトを変えたら、仕事でいつも帰宅が遅かった夫が早く帰ってくるようになった、という話は珍しくありません。

居場所というと、「リビングやダイニングにソファや椅子があればいいのでは?」と思っている人がいますが、そうではありません。

家族が一緒に過ごすとき、必ずひとりひとりの居場所があることが必要なのです。

工務店を経営する男性が、「家に帰ってもなんとなく心もとない感じがする」と言うので聞いてみると、家にはソファもダイニングもあると言います。

でも、仕事から帰宅すると、家族みんなでソファを占領しているのだそうです。

「自分は座る場所がないから、一人でダイニングの椅子に座っているんだ」と、ちょっと寂しそう。さぞかし落ち着かないだろうと思いました。

くじゃくの法則でご説明した男性性は誇りを大切にするという特徴があります。しかも、自分のなわばりに見合う場所がほしいもの。その人には、お気に入りの1人掛けの椅子を購入して、自分専用の居場所にしてくださいとアドバイスしました。家族が集まるソファの近くに、いつでも自由に過ごせる居場所をつくるのです。

リビングには、家族全員の居場所がほしいのです。きょうだいで席の取り合いになることはあるにしても、誰かが家族の輪のなかに入れないということは、少なくとも避けたいのです。

居場所って、物理的なことだけではありません。

心理的な居場所という意味も含んでいます。要は、「ありのままの自分で安心してくつろげる」「自分の存在を承認され、〝ここにいていいんだ〟〝ここが自分の場所なんだ〟と思える」居心地のよさがあるかどうかなのです。

もし、リビングに自分の居場所がないと感じていると、すぐに自室にこもったり、外で飲んだり遊んだりして、なかなか帰らないといったことが起こりがちです。

そうなると会話が減るだけでなく、どんどん気持ちが離れてばらばらになっていってしまいます。

たとえば、お子さんの場合、子ども部屋としての個室があればいいというわけではなく、それとは別に**家族のなかで一緒に過ごすときの自分の居場所も必要**です。

リビングではいつもここで過ごす、という場所があればベストです。

第4章で詳しくお伝えしますが、子どもの育ち方にまで影響します。それが**家族の一員であり、大切な存在として扱われているという意識が生まれ、自己肯定感につながり、心の安定につながるのです。**

家が、家族の関係を育むだけでなく、心も育んでいるのです。

家族みんなが一緒に過ごす場に、自分の居場所をつくる。

不快を感じない限界の距離「パーソナルスペース」

では、リビングにそれぞれが座る席があればそれでよいかというと、そうではありません。

こんな例がありました。リビングの3人掛けのソファの真ん中に夫が座っていたので、妻が隣に座ると、夫はいつも1人分のスペースを空けて離れて座り直す、と。妻は「私のことが嫌なのかな。避けられている」と思っていたそうです。

人にはそれぞれ、安心して過ごせる人との距離があります。この領域をパーソナルスペースといいます。

他人が近づいても不快に感じない限界の距離範囲ともいえます。目に見えないため、ほかの人に理解されにくいのです。

混雑した電車やエレベーターで大勢の人と一緒にいるとき、居心地が悪く不快に感じる人は多いでしょう。

パーソナルスペースが十分に確保できていれば、ストレスなく快適に過ごせます。家庭でもこれが確保できていることはとても重要です。

心理学者のロバート・ソマーはパーソナルスペースのことを「持ち運びできる『なわばり』」と言っています。自分が移動したら、移動した場所になわばりを持ち運んでいるようなイメージです。

パーソナルスペースはその場の状況や自分の心理状態によっても変化しますが、年齢によっても変わります。

たとえばお客さまから「最近、息子がすごく離れたところに座るんです」と言われたことがありますが、その息子さんは思春期で、親と距離をとりたかっただけでした。

子どもが1歳半くらいまでは、母親とほとんどの空間を共有していますが、2〜3歳ごろから人との距離が準備されはじめ、7〜8歳でかなり明確になり、思春期でほぼパーソナルスペースが完成するといいます。

個人差はありますが、一般にパーソナルスペースの大きさは、女性より男性のほうが大きく、男女共に異性に対しては14歳で最大となり、その後、同性と異性の差がなくなっていきます。

また、働き盛りの男性はパーソナルスペースが大きめです。仕事に脂が乗っている時期は自信もあり、会社の中でもそれなりのポジションについている。だからパーソナルスペースも大きいのです。そして会社を退き、年齢を重ねるにつれて少しずつ小さくなっていくといわれています。

妻が座ると離れて座り直すという先ほどの夫のパーソナルスペースを調べると、かなり大きかったのです。

夫は自分のなわばりを守りたくて離れただけだったのですね。このように、家族間で、相手のパーソナルスペースを知らないと、ギクシャクしてしまうこともあります。

そのため、**家族で、それぞれが心地よいと感じる距離やなわばりはどのくらいなのかを確かめ合ってみるとよいですね。**

もし、あまりにパーソナルスペースが守られずにストレスを感じたまま過ごしていると、攻撃性が高まるといわれています。

他人と接近した状況では、行動が制限され、自分がやりたいことができません。他人の存在がより不快に感じられ、イラだったり怒りを感じたりするのです。

ストレスや精神疾患になり、薬物乱用、少年犯罪、出産率の低下、死亡率の増加にまで結びついているというデータもあります。

なわばりを侵される続けることは、それほどに心理的な影響が大きいということなのです。

人間にとっての痛み（57ページ）なのです。


リビングの自分の居場所は、家族のパーソナルスペースを守ってつくる。

誰でも「一人の時間」をもつ居場所が必要

あなたは個室をもっていますか？

「個室は子どもたちだけ、親はリビングと寝室があればいい」と思っていませんか？

居場所は家族と共に過ごす場所以外に、誰もがもうひとつ、一人で自由に過ごせる場所が必要なのです。

実は母親の立場にいる方は個室をもっていない方が多いのが現状です。

必ずしも個室でなくてもかまいません。できれば庭やベランダの近くの窓辺にティーテーブルと椅子を一脚置いて、リラックスできる場所をつくりたいところです。

でも、母親は「やることが多くて、ゆっくり座っている暇がない」という方が多いので、キッチンやダイニング脇にコーナーをつくって、そこにパソコンを置くというのでもいいでしょう。一人で自由に過ごせる場所をつくります。

キッチンから遠くない場所のほうが、家事のちょっとした合間にでも一人の時間が

もてます。そこに普段、自分が使うもの、自分好みのものなど、なわばりとなるようなものを置いてお気に入りの場所にしてください。

序章に登場した妻もそうでしたが、ご自身の部屋はもちろんありませんでした。だから、ソファの後ろに1人掛けの椅子を用意して、背の低い本棚を置いてゆったり読書ができる小さなスペースをつくってもらったのです。

誰でも一人になりたいときはあります。だから、家で一人好きに過ごせる場所がない、常に誰かと一緒で一人の時間がもてないというのは、その人にとってとても酷なこと。やはり自己肯定感に関わってきます。

よく妻はキッチンが唯一の居場所というような家がありますが、それって使用人のようで、とても失礼だと思いませんか。

もちろんキッチンにいるのが楽しくて、そこが大好きな場所というのならいいのです。でも、キッチンって、いつでも誰かが侵入してくることができる場所ですよね。子どもと夫は自分のスペースをもっているのに、妻だけが家事をする場所が居場所なんて！

妻や母親という役割に精いっぱいで、「自分」の時間をもたないまま人生の大半を過ごしてしまう方もいます。

やりがいのある仕事をされている方ならまだいいのですが、家庭にいる時間が長く、とくに夫婦仲がいいわけでもなく、家事や子育てに追われて過ごし、いざ、お子さんが大きくなって手が離れたとき、「私の人生って、何だったんだろう」と呆然《ぼうぜん》としてしまう。そんな40代、50代の女性が多くいらっしゃいます。

本当は何がしたいんだろう、どう生きたいんだろうと迷子になってしまう母親にこそ、自分のコーナーを！　と声を大にして言いたいのです。

「自分の時間をもつ」と考えたとき、何か趣味をもったり、習い事や旅行に行ったり、カフェでお茶したりといったことが提案されがちです。でも、趣味などしなくてもいい。ただ一人で過ごせる居場所が必要なのです。

家の中での過ごし方にいろいろな選択肢があると、夫婦げんかをしても冷静に自分に向き合ったり、好きなことをしてストレスを減らしたりして、家族が仲良く暮らすことができるのです。

コロナ禍をきっかけにテレワークをする人が増えたとき、「居場所がない」という人がたくさんいらっしゃいました。テレワークになったら、家に部屋数が足りなくなってしまったのです。

子どもは大学の授業がリモートになって個室で授業を受けている。夫婦とも家で仕事をするようになると、部屋がこれまでより2つ多く必要になってしまったというケースが多くありました。

みんなが一日中、家にいるから、「お昼ごはん、つくらなきゃ」となり、友達と出かけられるわけでもない、テレビを見られるわけでもない。息を抜くときがなくなり、ストレスがたまる方がたくさんいたんですね。

最近は学校がリモートの授業になることは減りましたが、コロナ禍をきっかけに「自分の居場所がほしい」「自分の居場所を見直したい」という意識をもつ人が増えたようです。

そんなときこそ、先ほどお伝えたように、椅子一脚でいいから自分のコーナーをもつことが必要です。もう一部屋増やすことはできなくても、自分のコーナーをもつことならできるのではないでしょうか。

とくに母親の場合は、家族から目につくところにいると、つい用事を頼まれがちなので、**家族の視野60度に入る位置から外れ、家族の死角になる位置を居場所にできると、静かな落ち着いた時間がもてます。**

・・・・家族で一緒に過ごす場所以外に、一人で過ごせる居場所をつくる。

第2章のまとめ

「家具の向きを変えるだけで、自然に仲良くなる」部屋づくりの法則

自然に家族が仲良くなるには、家に家族みんなで過ごせることと、一人になりたいときにそれを叶えてくれることが大切です。

家族みんなで過ごすリビングやダイニング、キッチンは、できるだけ、いつでも会話がしやすいような家具の配置をしましょう。自然な会話が生まれたり、同じことを言っても優しく聞こえるような距離や、お互いに安心して心地よく過ごせるような距離があります。

これらが手に入らないと「足りない」という感覚が生まれて、自己肯定感や家族の関係などさまざまなところに影響が及びます。

左記の法則を参考に、家族みんながさらに仲良くなれる部屋づくりを目指してください。

□家族みんなで過ごしているときに、安心して過ごせる場所と、一人になりたいときに自由に過ごせる場所の2つの居場所をつくる。

□キッチンに立つ人とリビングやダイニングで過ごす家族が自然と会話ができるように、キッチンはできるだけオープンにして、テレビとソファを配置する。
□家族みんなで料理を楽しむには、ＬＤＫの中心にあってみんなから見え、背面が素敵で回遊できるアイランドキッチンにする。
□リビングの家具は、家族がお互いに視野60度内で会話できる位置と向きに配置する。
□リビングで過ごすときは、家族はお互いが気にならず、共有感がもてる3〜３・５ｍの円周上、かつ、お互いのパーソナルスペースを侵さない距離にする。
□人は距離が離れるにつれ自然に言葉尻が強くなるので、会話は３・６ｍ以内です る。

第3章

仕事・勉強に集中できる部屋の法則

安心感が集中力を生む

脳の特性上、そもそも集中しにくいようにできている

部屋は、くつろぐ場所だけではありません。

コロナ禍を経てリモートワークも増え、最近は職場だけでなく、自宅にも集中して仕事ができる空間づくりが必要になってきました。

お子さんの勉強も、たとえ学校や塾に通っていたとしても、家庭でどれだけ集中して勉強できるかが鍵となっているのは言うまでもありません。できるだけ短時間に効率よくできたらいいですよね。

実は、そもそも人間は、集中しにくいようにできています。

脳の記憶を司る部分は、生存本能と結びついています。何か1つのことに集中していると、敵が襲ってきたらすぐに対応できず、命を奪われてしまいます。だから自分の身を守るためには、常に異常を察知できるようにしておかなければなりません。

つまり、**生きるために「気が散るようにできている」のです。集中力が持続しないのが、人間の通常の状態なんです。**

しかも、脳はマルチタスクが苦手。一度に1つのことをするようにできています。複数の作業を並行して行ったり、短時間で切り替えたりするマルチタスクは、余計なエネルギーや時間を奪うことになり、とても非効率なこと。

実際、マルチタスクをすると、1つのことをしているときより作業の成果が低下するそうです。

ほっとした人もいるかもしれませんね。**集中しない脳だからこそ、工夫としかけが必要になります。**

そもそも人間の脳は集中が苦手。
だからこそ、集中するには環境にしかけをする。

安心感が集中をつくる

目の前のことに集中し、時間がたつのも忘れている状態を心理学者チクセントミハイは「フロー状態」と呼びました。スポーツ選手が高いパフォーマンスを発揮できる精神状態として知られています。脳は目の前の課題を行うこと以外に意識を向けなくなる、我を忘れる状態ですね。

フロー状態のときの脳は、興奮状態かというとそうではありません。リラックスしつつ活性しています。リラックスしているから、本来の能力が発揮できるのです。

いかにリラックスした状態で脳を活性化させるかが、集中する部屋づくりのポイントです。

デスクを置く場所によっても、集中力に違いが出ます。

たとえば、部屋の入り口すぐ前にデスクがあるというのは、集中できません。

いつ人が入ってくるかわからないからです。同様に、入り口が自分の背後にあるのも、おすすめできません。**動物の本能として、いつ誰が襲ってくるかわからないという不安を無意識に感じてしまいます。**

たとえ不安を自覚していなかったとしても、無意識に周囲を気にして神経を使い、筋肉は緊張します。そこにエネルギーを使われたら、目の前の課題にエネルギーがまわらなくなりますよね。

安心してリラックスした状態で脳を使うから、ムダなエネルギーを使わずに高いパフォーマンスを発揮できるのでしょう。

また、デスクの目の前が、人の通り道になっているのも落ち着きません。たとえば、オフィスの通路に面した席。部屋の中で目の前を人が通るだけでなく、デスクが面している窓の外を人が通る場合も同じです。1階の玄関脇にある部屋で、訪問客が目の前をよく通る掃《は》き出し窓にデスクを向けているようなケースです。腰窓より掃き出し窓のほうが、襲われる可能性が高いからです。

いちばんいいのは、入り口から離れていて、なおかつ人が入ってくる方向に自分の顔が向いているデスク配置です。海外の映画の社長室を思い出してください。誰かが入ってきてもすぐに対応できる向きと位置です。

どうしてもほかに場所がない場合は、不安が軽減されるような障害物のしかけをすることで安心感を得られます。たとえば、フェンスやついたてを設置する、高さのある植物を置くなどです。

やはり、**動物として周囲の安全が確認できて、何かあっても対応できる余裕をもてることが大事なのです**。その感覚は、入ってくる人が安心できる人なのかどうかや、自分の力や体力に自信があるかどうかで違います。

人間は「生理的欲求」や「安全の欲求」を本能的に満たそうとしています。それを無視して部屋づくりをすると、さまざまなストレスを感じるのでしたね。

ほとんどの動物は、安心して健やかに暮らせるように、住まいを自分でつくりますよね。人間だけが、ほかの人にゆだねて住まいをつくります。いつの間にか、どんな住まいなら安心して幸せに暮らせるのかを動物的に「感じる」ことを忘れてしまいました。「こっちのほうがかっこいい、目立つ」「安い」「もっと便利」と、見た目や価格、使い勝手で住まいを選んでしまいます。建築士やインテリアコーディネーターのようなプロでも、間取りや家具の配置を、頭で「考えて」平面図の上でパズルのように決めていたりします。

私たちは、住まいという「モノ」が欲しいのでなく、家族で一緒に楽しめる、穏やかに暮らせる、つながりを感じられるといった喜び、安心などの「感情（気持ち）」を得たいわけですよね。**その気持ちが得られない「痛み」が日々積み重なって、夫婦げんかや子どもの問題、ストレスなど、家庭内の多くのお悩みにつながっていくのです。**

集中するためだけでなく、**部屋づくりで最も重要なことが、自分の基本的欲求を満たして安心を得ることなのです。**さまざまなストレスでお悩みの方の多くがこれを見逃しています。やっかいなのは、人は「本当はどんな気持ちを感じたいか」という自分の欲求＝ニーズに気づきにくいということです。

集中するための部屋づくりに話を戻しましょう。

安心感を得るためには、仕事や勉強中に上司や家族からいつも見られているという状況を避けます。

最近のオフィスでは少なくなりましたが、まだ見かけるのがデスクの島型配置です。社員が向かい合わせにデスクを並べ、その先端に上司が部下のほうを向いて座るスタイルです。

いつでもオープンなコミュニケーションができるというメリットはあるものの、厳しい上司がいたり、まだ仕事を覚えたてで自信がない場合どうでしょうか。間違っていないか、怒られないか気になって緊張しませんか。

そうすると、自分のデスクの周囲に資料やカタログを積み上げて、防塞（とりで）をつくったりします。これは自然な人間の行動です。

誰かから見られるという配置の場合は、デスク周りに目隠しになるついたてを立てましょう。生産効率を上げるためには隠れることも必要です。おすすめなのが、デスク上に鉢植えの植物を置くことです。後述しますが、植物を置くことで、より生産性アップを期待できるので一石二鳥です。高さは60㎝程度。ちょうど自分の頭が隠れるくらいのものがおすすめです。

住まいに置くデスクも考え方は同じです。家族からいつも見られているのが気になる場所にデスクを置かないこと。リビングの一角にデスクを設けるなら、家族がみんなで過ごしている場所との間についたてや背の高い観葉植物を置いたりして、空間を分けるようにしましょう。

見落としがちなのが、窓の外からの視線です。近隣や歩いている人からの視線も気にならない位置にデスクを配置してください。

オフィスでも住まいでも、ついたてや壁でデスク周りが囲まれていることで安心感が増すものです。

- 安心を感じられるしかけ（ついたてなどの障害物）を設ける。
- デスクは入り口から遠い位置に置き、入り口に向かって座る。
- 人からいつも見られないようについたてや植物で囲む。

情報を減らせば、脳がラクできる

五感に入る情報（刺激）を減らすことで、集中力がアップします。

脳へ入力する情報が減れば、目の前の課題にエネルギーを効率よく使うことができるようになります。

人間の五感のうち、8割以上が視覚から得られる情報といわれています。そのため、まずは目に見える情報を減らしましょう。

ひとつには、散らかりの章でも説明した、目の前にある雑多なものを減らすことです。学習机で、目の前に教科書などを置ける棚がセットになっているタイプのものは、機能的でとてもいい面もありますが、つい、いろんなものが情報として入ってきてしまうので集中しにくくなります。

目の前の棚には、ものをたくさん置かずに、観葉植物や自然の風景の写真などを飾りましょう。視界には余白が多いほうがいいのです。
本棚を置くなら、目の前ではなく横に置きましょう。

情報を減らすためには、ものの数だけでなく、色数も減らしましょう。
あなたのデスクの周りには、どのくらいの色がありますか。赤い表紙の本、そこに書かれた黒い文字、その隣は黄色に赤の文字、青いファイル……など、さまざまな色が多数混在していませんか。その数は、カラフルな看板がひしめく繁華街の景色と同じくらいではありませんか。

海や山に行くと安らげるのは、自然のリラックス効果だけでなく、空と緑と土、あるいは海と砂と、色数がシンプルで少ないためです。

色＝情報です。**見える色数を減らせば脳の情報処理量を減らすことができます。いろんな色をランダムに並べるのではなく、赤いものは赤いもの同士でまとめると、1つの情報になるので脳は楽ができます。**

また、似た大きさや形のものをまとめるのも同じ効果があります。色、大きさ、形をひとまとまりになるように置き場所を変えるだけで、ぐんと情報量を減らすことができます。

ものの配置や置き方も集中力に影響するということなのです。


デスク周りに動くものがないことも大事です。

頻繁に人やペットが往来する場所を避けるということだけではありません。テレビやスマホ、パソコン画面に自動的にポップアップしてくる着信のお知らせなどもそうです。こういったものが集中を途切れさせるのです。

たとえ視界に入ってこなくても、動く気配は感じます。家の中を走り回る子ども、窓の外を通る人、隣家の出入りなど。それらが気にならない場所を探すか、邪魔されないように仕切りを設けましょう。


音が鳴っている状況も集中を妨げます。注意を削《そ》がれない適度な雑音は問題ありません。でも、言葉に注意を奪われるような歌詞のある音楽が流れていると、集中しにくくなります。流すなら、歌詞のない環境音楽などを選びましょう。

また、音はインプットするときよりアウトプットするときのほうが邪魔になります。

たとえば勉強で暗記（知識をインプット）するときよりも、記述式の解答や論文を書く、考え事をする、仕事で企画書を書くといったアウトプットをするときほど、脳を複雑に使うので静かな環境で行うのがおすすめです。

作業内容によっては、音楽を聴いているほうがはかどる場合もあります。掃除や片づけなど、あまり頭を使わずにできる作業です。

- 似た色、形、大きさのものをひとまとまりに置く。
- テレビやスマホは視界に入れない。
- 音楽は歌詞のない環境音楽にする。特にアプトプットは静かな場所で行う。

あなたは何タイプ？タイプによって集中できる場所が違う

「勉強ができる子はリビングで学習している」
「リビング学習をすると、賢い子が育つ」
「東大生の多くは、リビングで学習していた」

こんな話を聞いたことがあるのではないでしょうか。

リビング学習のメリットは、親の目が行き届くところで子どもが安心して学習できること、また、適度な生活音などの雑音があるほうが集中できるといったこともあります。

でも、リビングならどこでもよいわけではなく、子どもの特性によって適した場所が違うのです。

あなたは仕事や勉強をするとき、カフェと図書館では、どちらが集中できますか？

人によって環境からの刺激の受けやすさには違いがあって、これが集中力にも影響しています。環境からの刺激を自動的に遮断してスクリーン（ついたて、仕切り、目隠しの意味）を下ろせる人を**スクリーナー**、下ろせない人を**ノンスクリーナー**といいます。

スクリーナー、ノンスクリーナーは、視覚、聴覚、触覚、嗅覚など、五感に対してありますが、多いのが視覚と聴覚に敏感な方です。

カフェで集中できる人、適度な雑音があったほうが集中できる人は、聴覚のスクリーナータイプです。一方、図書館のほうが集中できるという方は、ノンスクリーナータイプです。

「スクリーナー」は、人がいたり雑音があったりしても気にならないので、カフェなどで仕事や勉強ができます。多少雑音があるくらいのほうが集中できるという方もいます。

「ノンスクリーナー」は、音楽や騒音など外部刺激に敏感で覚醒しやすいため、騒々しい場所では勉強や仕事のパフォーマンスが低下します。集中したいときは、一人で静かな環境を好みます。ノンスクリーナータイプの子どもが学生寮に入ると、成績が低下して生活にストレスを抱えることが多いという研究結果も出ています。

お子さんがどちらのタイプなのかを見極めることで、その子が自然に集中しやすい環境を整えることができます（巻末のＱＲコードから、テストとアドバイスを受けられます）。

気をつけるべきは、ノンスクリーナータイプなのです。

お子さんが音に対してノンスクリーナーの場合、テレビの音がするリビングでは集中できないでしょう。

視覚に対してノンスクリーナーの場合は、座る場所を工夫する必要があります。画面がチラチラ動くテレビや、動き回る妹や弟、散らかっているおもちゃなど、周りが雑然としていると落ち着かなくなるのです。できるだけ視覚情報をシャットダウンした場所で勉強する必要があります。

小学生の男の子が3人いる建築士、岡綾さんの話です。

「いつも子どもが勉強する場所をめぐって、けんかをして困っている」というのです。

ダイニングにある掘りごたつのテーブルで、お子さん3人が勉強できるようにしていたのですが、けんかが始まっていつもぐちゃぐちゃになってしまい、勉強どころではないそうです。

講座の中で「それは、なわばり争いだから、ひとりひとりのなわばりをつくることが大切」と説明しました。そこで3人それぞれに、足が折りたためるタイプの小さいテーブルを買ってあげたところ、あっという間に争いは解決し、集中して勉強するようになったそうです。どうしてでしょうか？

自分用のテーブルを与えられた3人は、それぞれがお互いの視野に入らない自由な位置にテーブルをもっていき、勉強を始めたのです。たったこれだけです。

そう、その子が自分で好きな場所を選び、そこで勉強すればよかったのです。

おそらく3人は視覚や聴覚に対して、ノンスクリーナーだったのでしょう。さらに掘りごたつは、座る位置が自由な分、よけいになわばりが侵されやすくなります。そういう場合にはむしろ、「好きなところで勉強していいよ」と伝えましょう。

親は、自由にさせてしまったらちゃんと勉強するはずがないと思いがちです。「ここで勉強しなさい」と決めてしまったりもしますよね。でも、大人よりも子どものほうが感性が高い分、自由にしてあげると自分でいちばんいい場所を見つけられたりするのです。それは自立にもつながりますね。

子どもに限らず、家族に何らかのノンスクリーナーがいる場合、「ノンスクリーナーの仕事や勉強の場をどこにするか？」をまず優先して考えましょう。

ノンスクリーナーのためのしかけは、子どもも大人も同じなので、次の項で説明しますね。

すべての子どもにリビング学習が向いているわけではない。
環境に対する敏感さに合わせて、
落ち着いて勉強できる場所を自分で自由に見つけてもらう。

テレワークの工夫

オフィスから離れ、自宅で仕事をするテレワークも増えています。

仕事部屋がないため、リビングでオンライン会議をしたり、ダイニングテーブルでパソコン作業をする人もいるでしょう。

家族がいるリビングで仕事をするのは、ノンスクリーナーにとっては、とてもストレスの多い環境です。

ノンスクリーナーにおすすめしたいのが、**自分の聖域をつくることです。**

家族に聴覚のノンスクリーナーがいる場合、第一優先でどこか静かな場所を探さなくてはなりません。小さなスペースでもいいので、音をシャットアウトできて一人になれる場所です。

納戸や押し入れなどの活用も選択肢に入れてみましょう。すでにある荷物は、トランクルームや保管サービスの利用を考えてみてください。作業効率がアップしてストレスが減ることによるメリットを考えれば、人生にとって大きなプラスではないでしょうか。

寝室は落ち着いた環境であることが多いので、寝室の一角に設けられるかも検討してみましょう。

どうしてもリビングの一角しか場所がない場合、防音カーテンやパーティションをつける、防音テントを利用するなどの方法もあります。最も簡易にできるのはヘッドホンをつけることです。

視覚のノンスクリーナーなら、先ほど説明した視覚情報を減らすことを徹底的にやりましょう。

リビングの一角にデスクを設ける場合は、周りを囲う仕切りが必須です。仕切りの高さは、座ったときに仕切りの向こう側が見えない高さ。大人ならデスク上から60〜70㎝ほしいです。本棚を活用してもよいでしょう。

ダイニングテーブルしか場所がとれない場合におすすめなのが、簡易な折りたたみ式で、三方が隠れる小さい仕切りです。予備校や塾などの自習室にある、個別のスペースのようなものを一時的に置きます。

三方が隠れることによって、視覚からの情報を限りなくゼロに近づけられます。先ほどの例のように、ダイニングテーブルで子どもが複数一緒に勉強する場合にも使えます。

こういった道具を使うことで狙っているのは、視覚情報をシャットアウトするだけでなく、家族の視界からも見えなくなることです。すると、家族から話しかけることも少なくなりますね。

家で仕事していると、どうしても「ねえ、お父さん」とか「お母さん、あれどこにあったっけ？」と話しかけられたり、用事を言い付けられたりしてしまいがちです。そのたびに仕事が中断されてしまったら、効率もダウンしてしまいます。

「今、仕事中だから話しかけないで！」なんて家族に言いたくないもの。みんなの視野の中に入っていなければ、それもなくなるのです。

自分の「聖域」をつくってしまいましょう。このパーティションを広げたら、「これから集中して仕事するよ」という合図にもなります。

ノンスクリーナーは、自分の聖域をつくる。
●聴覚のノンスクリーナーは、第一優先で一人になれる静かな場所を探す。
●視覚のノンスクリーナーは仕切りを利用して、視覚情報をシャットアウトする。

緑視率の法則

部屋の中に植物を置きましょう。

やはり、人間が古来から過ごしてきた環境には、常に植物がありました。植物があることで、心拍数が抑えられ、ストレスが和らぎ生産性が向上するということがいくつかの研究から明らかになっています。

緑視率とは、視界に占める緑の割合のことをいいますが、この緑視率が10〜15%が最もパフォーマンスが高かったという結果が出ています。緑視率が25%を超えると安らぎやリラックス効果が高くなりすぎることが考えられるので、仕事や勉強の場合は緑視率が10〜15%が適切でしょう。

もし、**木々や山などが見える景色のよい窓があれば、窓に向かってデスクを向けるのもおすすめです。**それが、最も集中できる**デスクのキングポジション**です。

その理由は、緑を視界にとらえつつ、時折、外を眺めるなどして、オン、オフの切り替えが自然にできること。もうひとつ、この後に説明しますが、日中の明るい光を浴びられるためです。

デスクの上の書類やインターネットの膨大な情報のなかでは、脳は疲弊していきます。自然の景色をぼーっとながめるだけで、脳の活動をオフにすることができます。

窓の外が雑然としている、隣の家のベランダしか見えないなど、景色のいい窓がないという場合は、**デスク前の壁に、自然の景色のポスターを視野いっぱいの大きさで貼るだけでも効果があると思います。自然の景色が印刷された壁紙（貼ってははがせる壁紙など）を利用するのもよいでしょう。**

……………

●緑視率を10～15％になるように、緑を取り入れる。
●景色のよい窓前のキングポジションにデスクを置く。

内装やデスクに天然木を使って生産性アップ

仕事や勉強部屋には、天然木の素材を使いましょう。

内装やデスクに天然木を使うと、集中力と生産性がアップするといわれています。それだけでなく、天然木には、疲労感やストレスの緩和になったり、風邪をひきにくくなるなど、さまざまな効果が確認されています。

そのメカニズムははっきりと解明されていませんが、木材に触れるだけや、木目柄の壁紙の壁を見るだけでもリラックス効果があるようです。

人間の脳は1万年前からほとんど進化していないといいます。進化の過程で人間は長い間、木や土と共に暮らしてきました。そういった環境に適した脳を現代でももっているわけです。だから、自然な環境にいると、人間は最も落ち着いて本能的に安心が得られるのでしょう。

部屋の床や壁、デスクや本棚の家具は天然木のものを選びましょう。自分で簡単に、シールで壁に貼れる木のパネルもありますので利用してみてください。

天然木の仕上げは、表面を塗料の膜で覆《おお》った仕上げよりも、ワックスやオイルといった木が呼吸できる仕上げのものがおすすめです。

自然素材ということでは、日本古来の土壁や珪藻土《けいそうど》、ほたて貝の貝殻を粉にしたものや、炭を練り込んだ塗り壁材などを使うのもおすすめです。多くは調湿や脱臭機能、有害な化学物質を吸収する効果などがありますので、空気の質を高めて部屋の快適性がアップします。集中するために大切なことのひとつです。

内装や家具は、天然木や自然素材にする。

色の効果を活用する

赤は人に興奮や緊張させる色として知られています。その理由は、血の色である赤は生命の危機や、食べられる新鮮な獲物、熟した木の実の色でもあるからだと考えられます。

赤色を見ることで、交感神経が活発になり、ストレスホルモンであるコルチゾールが高まることがわかっています。

インテリアコーディネーターである村田由美子さんが、私の講座を受講したときのことです。「家族が幸せに暮らせる住まい」というテーマでレポート課題を出したところ、血相《けっそう》を変えて私のところに走り寄って来てこう言うのです。

「絶対にこんな課題できません！　30年不仲の夫との幸せなんて考えられません！」

話を聞くと、夫婦の憩いの場であるはずのリビングの壁は自分で赤く塗っていました。夫に対する長年の怒りや闘争心が色に反映されていたのかもしれません。

でも、それだけではないでしょう。赤い壁のリビングで毎日過ごすうちに、夫への怒りやイライラを増幅していた可能性もあるのではないでしょうか。リビングを「ここは私のなわばりよ！」と主張していたとも考えられます。

講座のなかで、自分の深層心理に気づいた彼女は、なんと30年ぶりに夫に謝罪して和解。リビングの壁を穏やかなベージュ色に塗り替える計画をしています。

色が由美子さんの心にどのくらい影響を与えていたかはわかりませんが、リビングや書斎、子ども部屋など、長時間過ごす部屋の壁に赤を使用することはおすすめしません。

ただ、短時間だけ集中したいときには、赤の興奮作用が役立ちます。赤い布や紙を用意しておいて、どうしても短時間で作業したいというときに、一時的にデスク周りに設置してみてください。パフォーマンスを高める助けになるでしょう。ただし、長時間の利用は疲労感やストレスにつながるためご注意くださいね。

では、**書斎の壁の色は何色がよいかというと、青や緑です**。

青色は血圧を下げ、脈拍や呼吸数が安定して、筋肉が弛緩する効果が確認されています。ですから、落ち着いて仕事や勉強に取り組めます。
緑色は安心が感じられ、目の疲れを癒すことができます。最近、マウスの実験で、緑色の光が痛みを和らげる効果があることが確認されたので、もしかしたら人間にも同様の効果が期待できるかもしれませんね。

仕事や勉強部屋の壁は青か緑、一時的にパフォーマンスを高めたいときだけ赤を使う。

集中力がアップする照明

日中の明るい光は脳を活性化させ、集中力をアップさせます。

私たちは、心拍や呼吸、月経などさまざまな体内リズムをもっています。なかでも、一日約24時間の周期の体内リズムをサーカディアンリズムと呼んでいます。

サーカディアンリズムは太陽の光によって整えられます。一日中家にこもって、太陽の光を浴びずに不規則な生活をしていると、自律神経やホルモンのバランスが乱れて、食欲が抑えられなくなったり、うつ病になったりなど心と体に不調をきたします。人間にとって太陽の光を浴びることが欠かせないのです。

太陽の光が青白く明るく差す日中は、交感神経が活性化して活動モードになっています。そして夕方に赤みを帯びたオレンジっぽい光になると、副交感神経が活性化して体はリラックスモードになっていきます。

だから、**仕事や勉強は、自然光が入る明るい時間と場所で行えば、脳を活性化した**

状態で使えます。

照明を用いるなら、昼間のような明るさで青白い光がよいです。もし、仕事や勉強をしている部屋が薄暗い場合は、部屋の全体照明以外にデスク周りに手元を明るくするライトを追加しましょう。部屋の全体照明は赤っぽい（白熱色）光でもよいですが、デスクライトは青白い光のほうが適しています。

ただし、夜遅くまで青白い光を浴びて無理に脳を活性化していると、スマホやパソコンのブルーライトと同じで体内リズムの乱れにつながります。睡眠の質の低下や翌日の眠気を引き起こして、せっかくのしかけも台無しに。勉強や仕事の集中を妨げてしまいます。

仕事や勉強は、日中に明るい自然光か青白い光の照明の下で行う。

やる気の出る椅子の秘密

体の状態と心はつながっています。

口角を上げると楽しい気持ちになりますよね。脳は顔の筋肉の状態を察知します。だから、たとえ楽しくなくても笑顔をつくると、脳は「楽しい」と認識するのです。楽しくなりたいなら、〝笑顔が先〟です。

姿勢も同じです。実際に今すぐやってみましょう。

背中を丸めて下を向いて、姿勢を悪くしてだらしなく座ってみてください。1週間後の楽しみなこと、楽しく思い浮かべられますか？　仕事や勉強へのやる気が出ますか？

次に、背筋を伸ばして姿勢をよくして座ってみてください。軽く胸を張って、目線を上げて口角も上げて。どうでしょう。気持ちがシャキッとして、さっきよりずっと前向きな気持ちになりませんか？　1週間後の楽しみなことが、楽しく思い浮かべることができるでしょう？　自信がわいて、やる気も出てきませんか？

姿勢によって感情が変わることを実感していただけたでしょうか。

だから、**やる気を出したいとき、仕事や勉強をするときは、姿勢が悪くなる椅子に座ってはダメなのです。姿勢よく座れる椅子に座りましょう。**

仕事や勉強用の椅子は、人間工学（エルゴノミクス）に基づいてデザインされた椅子を選びましょう。それらは疲れにくい、腰痛になりにくいなどのメリットがあるだけでなく、やる気や前向きな思考を叶《かな》えるために役立ちます。

エルゴノミクスチェアの多くは、その人の体格に合わせた調節機能がついています。

選び方、調節の目安は左のとおりです。自分に合う一脚をショールームで試して選んでください。

- 座面の高さ＝身長×1／4
- 奥までしっかり座ったときに足裏全体が床につき、かかとに膝《ひざ》下の体重がのる
- 座ったときの膝の位置が床と平行か少し高い状態になる
- デスクの高さと椅子の座面の高さの差（差尺という）は身長×1／6程度

背の角度を調整してリクライニングできるものもありますが、やる気を出したい場合にはリクライニング機能は使いません。

また、柔らかい座面のソファもNGです。だらっとした姿勢でスマホを見てばかり、なかなか勉強する気にならない、ということになりかねません。

市販のソファには、リラックス度が高いもの、低いもの、中くらいのものがあります。リラックス度が高いものは、座面の奥行きが深く、座面の高さは低く、座ったときに体が沈みこんで膝の高さよりもお尻の位置のほうが低くなります。背は後ろに倒れるような姿勢になります。

ショールームで試してみると、「これ、リラックスできていい」となるのですが、リラックス度が高いソファはリゾートや別荘などに向いています。

日頃生活する家は、リラックスするだけでなく、仕事や勉強などさまざまな暮らしのニーズを叶《かな》える必要があります。そうなると、座面の奥行きが深すぎず、座面に体が沈み込んで姿勢が悪くならないほうがおすすめです。

体の大きさによって合うソファは違います。子どもがリビングのソファに座ると、寝ころんだり姿勢悪く座るのは、体にソファが合っていないためです。子どもが、そのソファから立ち上がってやる気を出して勉強するというのは、大人よりも努力が必要になります。いつの間にか、やる気の出ない姿勢が習慣化しないように、子どもの体に合ったソファや椅子の購入をおすすめします。

もし、大人と同じソファに座る場合は、姿勢よく座れるように背中部分にクッションを1、2個置いてみてください。

また、ソファでパソコン作業をする場合は、日頃使うセンターテーブルよりも高さのある小さなテーブルを別に用意しましょう。テーブル高さは、ソファの座面よりも20〜23㎝高いものを選んでください。

やる気を出すには、体に合った姿勢よく座れる、足が床につく椅子を選ぶ。

創造力が発揮される空間の法則

作業の内容によって、効率のよい空間の大きさや天井の高さが違います。

あなたのお仕事はクリエイティブなことですか？　それとも事務的な作業ですか？　**クリエイティブな仕事の場合は開放感がある空間がおすすめです。**たとえば天井が高い（3m程度）、目の前の視野が開けているなど。

空間と思考は似かよってくるので、空間が明るいと思考も明るく、開放感があれば自由な発想が生まれて創造力が発揮されます。

逆に、天井が低くて狭い空間では、思考の焦点が狭まります。**緻密な計算や、パソコンで経理処理をするなどのタスク作業は、天井が低く狭い空間のほうが向いています。また、瞑想や自分を省みたりする場所としても適しています。**

実は、内省して自分をリセットするのに最適な空間があります。それは、どの家にもあるトイレです。

トイレは鍵をかけられるので、誰かが入ってくる心配はありません。囲まれているので安心感もあります。さらに、どのご家庭も家の中でいちばん情報が少ない場所なのではないでしょうか。なかには、本棚を完備した小さな書斎のようなトイレや、趣味のものを飾ったトイレも見かけますが、トイレが散らかっていて困っている、という話はほとんど聞きません。

だから、トイレを内省空間として活用するのです。便器に座る姿勢は、体が前傾になるため、より自分のなかに深く入って気づきを得るのに適しています。前項で説明した姿勢と脳の関係のひとつです。

私が考える理想のトイレは、壁は、白か薄いベージュやグリーンなど穏やかな色の無地、便器の背面壁には、見るたびに気持ちがほっこりしたり、笑顔になる好きなアートをかけます。便器の足元側の壁は、立ち上がったときに自分の顔が映る小さな鏡。照明は、パッと意識が変わるくらい昼間のような明るさと、夜間にトイレに入ったときに刺激の少ない暗さの2種類のスイッチを用意します。

たとえ気持ちがネガティブになっても、トイレで体を前かがみにして自身を省みて、大切なことや感謝できることに気づきます。そして、立ち上がって鏡を見て笑顔を思い出し、振り返ってアートでほっこり笑顔になるという仕組みです(笑)。

このしかけで、入るたびに自分をリセットして、自分自身をよい状態に保っておくことができます。

- クリエイティブな作業は開放感のある空間で、タスク作業なら天井が低く小さな空間で行う。
- トイレは内省とリセットの場にする。

自動的にやる気になるには？

仕事や勉強をする場所を決めましょう。

『蛍の光』の曲をご存じでしょうか。お店が閉店時間近くになったときに流れるあの曲です。曲が聞こえてくると「あ、急がなきゃ」って思いませんか。

これは、蛍の光＝終わりということが、無意識に条件付けされているからです。これを「アンカリング」と呼びます。

アンカリングを仕事や勉強のときに使うのです。「図書館に行ったら勉強する」「この席に座ったら仕事する」というように、その場所と行動を紐《ひも》づけて脳に記憶させます。自分が集中できる場所を見つけたら、その場所は仕事や勉強する場所と決めて、いつも同じ行動をしているうちに、自動的にその席に座れば仕事をやる気になるようにするのです。

集中する場所を決めたうえで**大切なのが、気分転換は必ず別の場所で行うことです。**

せっかく決めた仕事や勉強の場所でだらだらしてしまうと、「ここは、やらなくてもよい場所だ」ということがアンカリングされてしまいます。それでは、勉強する場所を決める意味がありません。休憩や気分転換するなら、席を立って別の場所で行いましょう。

そのためには、情報を減らして気が散らない環境をつくると同時に、誘惑もなくしましょう。

たとえば、テレビやゲーム、スマホ、マンガ本、お菓子などです。人間は痛みを避け、快を得て楽をしたい動物でしたよね。誘惑に打ち勝つのも、誘惑に負けた後に仕事や勉強にもどるのも大変なことです。誘惑は集中したい場所から排除しましょう。

……仕事や勉強をする特定の場所を決めてアンカリングする。その場所ではだらだら過ごさない。

集中力を高める寝室の法則

仕事や勉強に集中するには、質の高い睡眠をとる必要があります。

寝室は、リラックスできる空間をいかにつくるかがテーマになります。

床はラグやカーペットで、寝具は、ふわっとした柔らかい素材を選びましょう。

柔らかい素材のものに触れることで、不安を緩和するオキシトシンというホルモンが分泌され、リラックス状態の際に現れる脳のα波が観測されています。副交感神経が優位になり、心身共にリラックスしてストレスを軽減されるということです。

ラグを敷くなら毛足の長いシャギータイプ、フローリングなら無垢の杉材のような柔らかい触感のものがおすすめです。


寝室の内装やベッドなどの家具は、天然木のものを選びましょう。

研究によると、内装を天然木にすることで、深く良好な睡眠が得られ、生産効率が高まったということです。質の高い睡眠によって、疲労が回復して集中力アップが期待できるでしょう。

照明は暗くして眠りにつきましょう。

暗いほうが安心するのです。その理由は、暗いと自分の姿を消すことで、敵から見つかりにくくなるためだと考えられます。

照明をつけて明るいまま眠ると、血糖を下げるインスリンに対する抵抗性が高まって、心拍数が高い状態が続くと報告されています。つまり、明るいまま眠ると太る可能性があるということになります。

照明をつけたまま眠りたい場合は、低い位置で足元を照らすフットライトなどにしましょう。マンションの共用廊下や近隣の看板の明かりが寝室に入る場合は、遮光できるカーテン生地を選びましょう。

最後に、意外と忘れられがちなのが、ベッドの向きです。

ベッドは、部屋のドア側が足になる向きに配置しましょう。

頭側に人が入ってくるドアや掃き出し窓があると、無意識に警戒心が働いて不安を感じるためです。

集中力を高める寝室の法則

- 床は柔らかい触感のラグやカーペットを敷く。フローリングなら無垢の杉材にする。
- 寝具はふわふわした柔らかいものを選ぶ。
- 内装や家具は天然木にする。
- 照明は消し、暗くして眠る。
- ベッドの向きは、部屋のドア側が足になるように配置する。

第3章のまとめ

「安心感が集中力を生む」部屋づくりの法則

そもそも人間の脳は集中しにくいので、集中するにはしかけが必要なのでしたね。安心してリラックスしつつ、脳を活性するしかけです。

最重要なのが安心できることです。誰からもおびやかされる不安がないような位置、向きにデスクを配置しましょう。そして、デスク周りに自然な環境を取り入れましょう。自然光や照明、天然木などの自然素材、植物、目に見える景色などです。

さらに、脳を活性化するさまざまなしかけを取り入れてみてください。

もうひとつ大切なことは、その人の特性に合わせること。五感の敏感さに合った環境や、体に合った家具をもつことです。

左記の法則を参考に、集中できる部屋づくりをしてくださいね。

安心・リラックスの法則

□デスクは入り口から遠い位置に置き、入り口に向かって座る。

□人からいつも見られないよう、高さ60㎝程度のついたてや植物を置く。窓の外からも見られることがないようにする。
□視覚情報を減らし、動くものは視界に入れない。音楽は歌詞のないものを選ぶ。
□部屋の中のものの色をそろえ、似た色、形、大きさのものをひとまとまりに置く。
□聴覚のノンスクリーナーは、第一優先で一人になれる場所を探す。ヘッドホンなどを活用する。
□視覚のノンスクリーナーは、デスク上に60～70㎝の仕切りをつける。
□緑視率10～15％になるように緑の植物を取り入れる。
□デスクは景色のよい窓前のキングポジションに置く。
□内装や家具はできるかぎり天然木や自然素材にする。
□仕事や勉強部屋の壁は青か緑色。短時間だけ赤を使う。

脳活の法則

□仕事や勉強は日中の明るい時間帯か、青白い光の照明の下でやる。
□仕事や勉強に集中する特定の場所を決め、気分転換は別の場所で行う。
□やる気を出すには、体に合った背筋が伸びて姿勢よく座れる椅子を選ぶ。

□クリエイティブな作業は開放感のある空間、タスク作業は天井が低く小さな空間で行う。
□トイレは内省とリセットの場に整える。
□自動的にやる気になるよう、仕事や勉強をする場所を決める。そこではだらだらしない。

集中力を高める寝室の法則

□床はラグやカーペットを敷く。フローリングなら無垢の杉材にする。
□寝具はふわふわした柔らかいものを選ぶ。
□内装や家具は天然木にする。
□照明は消して暗くして眠る。
□ベッドの向きは、部屋のドア側が足になるように置く。

第4章

シングル・子育て・シニア
世帯別 人生が好転する部屋の法則

自分の居場所を整えると幸せになる

そこにいるだけで幸せを感じる「自分の居場所」をもちましょう

ここまで、スッキリ片づいた部屋や、家族の会話が増える部屋、仕事や勉強に集中できる部屋についてご紹介してきましたが、私が最も大切にしているのは小手先のテクニックではなく、家族が、そしてひとりひとりの人生が豊かで幸せなものになることです。

そのために住まいができることを、ずっとずっと考えてきました。

居場所の重要性については第2章でも触れましたが、私が大切にしていることのひとつに、「自分の居場所を整える」というものがあります。自分の居場所を整えたら、日々の感情や自己受容、家族との関係が好転して、仕事、人間関係、健康、時間、お金など、人生のあらゆることもおのずとよくなる。そう信じています。

この居場所を、私は「ｐａｏ《パオ》」（パオは東京大学名誉教授、高橋鷹志先生が命名したパーソナルスペースの呼称）と呼んでいます。パオとは中国語で「包」と書き、モンゴルなどの遊牧民の移動式の家屋が由来です。ひとりひとりを包む最小の単位の空間です。**「ここにいていいんだ」という居場所感がありながら、自分のパーソナルスペースも守られているところ。**つまり、**基本的欲求のすべてが満たされ自己実現できる心理的、物理的な居場所のことです。**それがあれば、人はどれほど心地よく快適に安心して暮らせるでしょう。そして何より、そこにいるだけで、幸せを感じることができるでしょう。

最近では一人暮らしの方もとても多く、シニアだけの世帯も増えています。

自分の居場所を整えることが大切なのは、一人暮らしであっても家族であっても同じです。一人暮らしの場合は、全部が自分の居場所になる（だから、なわばりにおいてはストレスがない）という違いはありますが、自分のpao《パオ》をもつことが重要なのは、どんな世帯でも同じです。

人生のステージやそのときの状況によって、それぞれのテーマや目標があります。ここからはそれぞれの世帯やテーマ別に、人生がより豊かになる居場所について説明していきましょう。

子育て

子どもの健やかな成長をうながす部屋の法則

子どもの成長と住まいの関わりについては、ここまでもお伝えしてきました。子どもの自然な成長を促し、やがて自立するまで、住まいはかなり重要な役割を果たしています。どれくらい重要かというと、みなさんが想像する以上です。

とくに小さな子どもにとって、住まいは生活環境として一日の大部分を占める場所。その環境が与える影響は計り知れません。

子どもの住まいを考える上で知っておきたいのは、**子どもは、「生きるために必要な力」をすでに備えた「十分な」存在**ということです。

でも、生まれたてのときは、自分でミルクも飲めないし、歩けないじゃない？　と思われるかもしれません。赤ちゃんはお腹がすけば泣いてミルクをねだり、うんちが出たら「気持ち悪いから、おむつを替えて」と泣く。そのたびに、親は赤ちゃんのところに世話をしに行きますよね。主導権はどう見ても親ではなく子どものほうにあると思いませんか。

はいはいして動けるようになると、親との安心できる距離を、自ら調節して近づいたり離れたりしています。大人が手助けしないと何もできないわけではなく、赤ちゃんにもちゃんと主体性があります。動物としてちゃんと生きています。

この「子どもに主体性がある」という視点を、早稲田大学在学中に発達心理学者の根ケ山光一先生から学んだとき、住まいでの子どもに関するお悩みの解決策が一気に見えてきたのです。

親が子どもに何でも指示してコントロールするのではなく、子どもの主体性を尊重してゆだねることが大切。これが、子どもの健やかな成長をうながす住まいのポイントです。

住まいは親子の距離調節ツール

住まいは親子の距離調節ツールです。

母親がおなかに子どもを宿しているとき、親子の距離はゼロですね。出産で親と子は物理的に分離します。その後、赤ちゃんのはいはいから始まり、成長にしたがって徐々に親子の距離が離れていきます。その距離の調節は子ども主体で行っています。

どういうことかを、引き戸のある家を例に説明します。

10歳未満くらいまでは、子どもは親を確認できるような場所を遊び場に選びます。リビングに隣接して引き戸の部屋があるとすると、親が見えるように引き戸を開けたまま遊びます。そのうちに、「ちょっとママに内緒でこれやってみようか」なんて冒険心が出て、引き戸を少し閉めて親の死角に入ります。でも、ちらっと親をいつでも確認できる場所にいます。そして、成長に伴って引き戸はだんだんと閉められていき、思春期以降には完全に閉じて自室にこもる、というわけです。

そうして、子どもは家を出て自活するまでの間、**親との適度な関係を、距離や親との隔《へだ》たり方で調節していきます。**

これは動物として自然な自立のプロセスではないでしょうか。思春期を迎えても親子が分離できずにいると、子どもの心の成長に悪影響がおよぶこともわかっています。**子どもが親との関係を調節しやすいしかけが家にあれば、子どもは自然に自立していくことができます。**

言い換えれば、住まいが子どもの自立を応援してくれるのです。

引き戸は開き具合を調節しやすいので、子どもの自然な自立をうながすしかけになるわけです。

先にも触れたように、子どもが勉強する場所をリビングやダイニングにする場合に、**「親が監視する」「コントロールする」ためでは自主性につながりません。**

ポイントは親目線ではなく、子ども目線。

親が子どもを監視するためではなく、子どもの主体性にゆだねましょう。

要は、子どもにとって安心できる場所であるかどうか、です。

子ども部屋をもつタイミングは、生物学的に「子どもが親と同じスプーンを使うのを嫌がるとき」。それまでは、親と自分の区別がついていないから、**それが子どもの自立のときでもあります。**

新しい家を買うと、「この部屋に自分のものを置いて、きれいに片づけなさい」「この部屋で勉強しなさい」などと指示して子ども部屋を「与える」人がいます。そうではなく、「この部屋を使ってもいいよ」と伝えて、子どもにゆだねましょう。

子どもにとって必要な時期に自然に使いはじめます。子ども部屋は「与える」ものではなく、子どもが「もつ」ものなのです。

住まいは親子の距離調節ツール。
引き戸などで、子どもが自然に親との距離を調節できるしかけをつくる。
子ども部屋は子どもが自然に使い始めるように、子どもにゆだねる。

子どもに悪影響を与える間取り

子どもに悪影響を与える可能性のある間取りもあります。

不登校や引きこもり、問題行動や犯罪を起こしたご家庭の間取りには、ある特徴が見受けられます。さまざまな研究から主なものを挙げると、

- **子どもが帰宅して家族に会わずに自室に行ける。**
- **家族みんなで食事をしたり集まる習慣がない。**
- **家族間で「みんなの集まる場所がどこか」という共通認識がない。**
- **子ども部屋と両親の寝室の位置が離れている。**
- **子ども部屋のもち方（与え方）が適切でない。**

たとえば、親の寝室もリビングも2階にあって、子ども部屋が1階にあるのはおす

すめできません。

子どもの出入りに親が気づかない構造だからというだけではありません。子どもは置き去りにされたような感覚になるからです。

泥棒や強盗など、家への侵入が多いのは1階からですよね。1階に子ども部屋があり、2階より上にリビングや大人の部屋があると、潜在的に子どもは危険にさらされているような気持ちになります。

同様の理由で、家族が住む母屋とは別の「離れ」や、玄関さえも通らずに部屋に入ることができるといった部屋を子ども部屋にしないでください。

また、家を建てる際に、「子ども部屋のドアに透明のガラスを入れたい」というご希望をいただくことがあります。理由を聞くと、「子どもが何をしているかわかるから」ということなのです。それには丁重にお断りします。それでは、子どものプライバシーがなく、**親からの不信感が子どもに伝わってしまうからです。**

監視やコントロールはしないけれど、子どもたちのことを大切にしているということを、そっと間取りで表すのです。そういうことを子どもたちは敏感に感じます。

かといって、リビングを通らないと子ども部屋に行けない構造にすればいいかというと、単純にそういうわけでもありません。

なかにはリビングがすべての部屋の通路になっている家があります。寝室も、子ども部屋も、洗面所もすべてリビングを通過しないと入れない構造です。リビングの四面すべてが出入り口、人の通路です。

すると、とても落ち着かなくなりますよね。

カフェに入ったとき、みなさんはどこに座りたいですか。窓際の景色のいいところだったり、壁際や奥の隅の席ではないでしょうか。わざわざ出入り口付近に座りたい人はいないでしょう。

通路や人の移動が多いところでは、落ち着かないものです。家庭でも同じで、落ち着かないからリビングには出てこずに、個室に引きこもることになります。リビングで食事をしたとしても、食べ終わったらすぐに個室に戻ってしまう、そういう家庭は少なくないのです。

住まいが、子どもの性格形成に影響を与えるという研究もあります。

住まいの陽当たりや風通しが悪いと性格が悲観的なこと、リビングが狭く陽当たりが悪いと攻撃性が高いこと、住まいがモチベーションに影響するということなどが報告されています。

また、精神科医の石川元先生らは、登校拒否（不登校）の子どもをもつ親が、人と住まいとのよい関係を認識する能力がないことを指摘しています。そして、子どもが自由に学校のことを話せる住まいをつくることが、登校拒否の治療になるとも述べています。

住まいが人を育むのです。

私たちは、住まいが家族に与える影響をつかむ感覚や知識を身につけておく必要があるのではないでしょうか。

良くも悪くも、住まいが子どもの成長に多大な影響を与えるのです。

あなたは子どものころ、どんなところで過ごしていましたか。その住まいであなたは、どんなことを感じましたか。

それがあなたの今の性格や行動パターン、家族の会話、家族と過ごす時間や、その

内容などに影響を与えているかもしれません。

- 子ども部屋はリビングやダイニング、キッチンから入れるようにする。ただし、リビングを各部屋への通路にしない。
- 子ども部屋はリビングや親の寝室に近い位置にする。
- 子ども部屋だけを一階や離れにしない。
- 家族が集まる習慣をもち、みんなで楽しく憩える場をつくる。
- 親であっても、子どものプライバシーを守る。子ども部屋の扉に透明のガラスはつけない。

シニア向け

健康でおだやかに暮らせる部屋の法則

懐かしいものを置く

大学時代、60歳以上の方に、「どんな住まいなら長く暮らしたいと思いますか。どんな住まいに愛着がありますか」と調査をしたことがあります。

すると、

「懐かしさがあること（家族の思い出や歴史が感じられる）」

「（主体的に）自分で過ごし方を選べること」

「自然とつながれること（テラス、ベランダ、庭がある、緑が見える）」

「近隣との交流があること」

という主な回答が得られました。

とくに**シニアにとって大切なのが「懐かしさ」や「思い出」です。**

改築するときに家をすべて壊し、家具も捨てて真新しくする方がいらっしゃいますが、そうすると、その場所と自分をつなぐ記憶や歴史が何もなくなってしまいます。災害などで一瞬にして慣れ親しんだ家を失ってしまった人のことを考えてみてください。写真や自分の家の「何か」を見つけ出すだけでもうれしいといいます。

人は「たしかに自分はここにいた」「ここで時を過ごしていた」といった、場所と自分をつなぐ絆《きずな》（愛着のあるもの）が必要なのです。

だから、家を新しくするとき、長年住んでいた家にあった建具をテーブルにするとか、傷がついた柱を新しい家に使うとか、元の家にあった古い家具などを新しい家に活かすことなどは、新しい環境にスムーズに移行するために大切なのです。

高齢者施設に自宅から入所するときも、愛着のあるものを持って行ってください。そうしないと、新しい環境に移行して場所と自分のつながりがぷっつり切れてしまって、なんだか虚《むな》しいような、心もとないような気持ちになりかねません。

お気に入りの家具や絵など、長く共に時間を過ごした思い出のあるものを持って行くだけでもアイデンティティが維持され、安心につながります。

年齢を重ねていくと、最近の記憶よりも過去のことのほうがよく覚えているということがあります。愛着のあるものを見たり触ったりすることで、脳の神経細胞によい刺激になります。

認知症の治療のひとつに、「回想法」というものがあります。昔懐かしい写真などを見せて、それについて話してもらうことで、脳の活性化を期待するものです。

それを住まいでもできるように、写真を見ながら「あのときはこうだったよね」と話したり、柱の傷を見ながら、「この傷は、孫の○○ちゃんが遊んだときにつけた傷だよね」などと話すことで、楽しい思い出がよみがえりますよね。

人間は記憶を積み重ねて生きています。年齢を重ねれば重ねるほど、それは重要なものとなり、記憶がなくなることは不安ですから。

懐かしい思い出や愛着のあるものを、新しい環境に持って行く。

自分の好きなものを置く

北欧の高齢者施設を見学に行ったことがあります。

驚いたのは、高齢者の表情が、それはそれは、とっても生き生きとしていたことです。

居住者共有のリビングだけでなく、個室までとても素敵で、入居者の笑い声が響いて楽しそうでした。

「私の部屋を見て！」と言われて入らせていただくと、「これは祖母にもらった家具なの。私が生まれる前から家にあったのよ」などとうれしそうに見せてくれるのです。部屋には、お気に入りのラグや、自分でつくったパッチワークのベッドカバー、壁紙も好きなものを貼っていいました。

みなさん、「自分の部屋を自分らしく」して、「主体的に」楽しんでいたのです。

そう、**自分の居場所には自分らしいものを置くことが大切なのです。**

日本の高齢者施設でも、好きな家具やものを少量だけ持って行ったり、入り口の飾り棚にお気に入りのものを飾っていいというところが多いです。

でも、もっと自分らしさを出せる場所であれば、気持ちも前向きになるのではないでしょうか。それが「自己承認」や「所属と愛」の欲求を満たすことにつながるのです。高齢者施設に入っていると、家族や社会のなかでの役割から離れてしまいます。だから、より「自分が誰か」や「楽しい思い出や歴史の経験の上に今がある」ということが、わかりやすく感じられるものを部屋に置いていただきたいのです。

日本の高齢者の方は「私はいいのよ」「贅沢《ぜいたく》は言わない」などと遠慮する傾向がありますが、もっと空間で自分らしさを表現できて、思い通りに自分でコントロールできる居場所をつくれたらいいなと思います。

人生の最期の一瞬まで、自分らしく幸せであってほしいです。

自分の居場所には、好きなもの、自分らしいものを置く。

「脳に刺激のある環境」をつくる

年齢を重ねると記憶力が衰えてきます。そんなシニアには、どんな環境がよいのでしょうか。

マウスの実験ですが、豊かな環境で過ごすと、記憶を司《つかさど》る脳の海馬の幹細胞が、何歳になっても新しくつくられることがわかっています。

豊かな環境は、マウスにとっては、おもちゃがあって、いろんな遊びができる環境です。人にとっては、四季の変化が感じられることであったり、朝日が昇ってから夕方、日が沈むまでの一日の変化が感じられることであったり。花が咲いたり、紅葉したり、青い空の日もあれば、雷も鳴る。そんな自然とともに過ごせることが大切です。

庭があれば四季の変化を感じることもできますが、マンションの場合は、ベランダに植物を置いて、変化を見られるようにしましょう。ペットを飼うのも刺激があっていいですね。

一日中ベッドで過ごす場合に、窓の外に何も見えない、壁しかない、天井しか見るところがないような部屋にしてはいけません。どんどん脳の機能が衰えてしまいます。せめて、窓の外の変化が見える場所にベッドを置く、部屋に植物や水槽を置くなど、変化があるようにしてください。

豊かな環境＝脳に刺激がある環境には、人と交流できる場があることも重要なポイントです。

先ほどの大学時代の高齢者の調査で、「愛着のある住まい」は、「近隣との交流」についてのことが、「家族との交流」より多く、1・4倍もありました。

住まいを大きな視点で見ると、社会と自分との関わりを示すものでもあります。たとえば、掃き出し窓、縁側、庭。外部に開いた部分で、人と交流できる家はいつも刺激がありますし、脳も活性化するでしょう。

「子ども」はとても刺激的な存在なので、近所の子どもやお孫さんが気軽に遊びに来られるような家なら最高です。縁側にちょっと遊びに来て、お茶を飲んで帰るような。

今の家は、近隣に対して「閉じて、隠す」構造の家が多いのです。外壁には窓をつけず、中庭に向いてたくさんの窓を設ける。庭はあっても中庭なので外からは見えない。防犯性が高く、プライバシーは守れるかもしれませんが、それでは隣近所の人と顔見知りにもなりにくいでしょう。やはり、シニアには外部に開いた家のほうが豊かな暮らしができます。

老後は一軒家から便利なマンションに引っ越す人がいらっしゃいます。高齢になればなるほど、社会とのつながりが希薄になってしまうので気がかりです。

マンションに住む場合は、できれば低層階のほうがおすすめです。低層階なら子どもの声や犬の鳴き声、道を歩いている人の声など外部からの刺激があります。

それに、高層階は窓が開けられない部屋もあり、雨が地面に落ちる音がしないので降っているかどうかもわからないことがあります。また、高層階は1階までの距離が心理的に遠いため、外に出るのが億劫《おっくう》になってしまう傾向もあります。

もしスペースがあるなら玄関周りにベンチを置く。縁側の代わりです。そうすると、訪問してきた人や、同じ階の人と玄関先で座って話せます。

縁側があるから気軽に人が来たわけなので、ベンチがあることで、これまで起きなかった行動が生まれるきっかけになります。

玄関先が難しければ、たたきに小さな椅子を置いてもいいです。それも無理なら、せめて1階（ロビーやエントランスホール）にベンチや椅子があるマンションを選びましょう。

人間は一人では生きられない動物です。活動が減り、行動範囲が狭くなったシニアの一人暮らしの場合、自分からなかなか積極的に行動しないこともあります。自然や人との関わりをもてるかどうかは、家のしかけ次第です。

自然に外部と関われるしかけのある住まいが、高齢者にとっての豊かな環境だと思います。

- 自然や人、子どもに触れられる、刺激のある豊かな環境にする。
- マンションに住むなら低層階を選ぶ。
- 一日中ベッドで過ごす場合、ベッドは窓の外の変化が見える場所に置き、部屋に植物や水槽を置く。

親の介護で大切なこと

高齢の親御さんを家で介護されている方にお伝えしているのは、「親御さんを〝できる人〟として接してください」ということです。

一時は、高齢者向けにバリアフリーの建築ばかりが取り沙汰されましたが、最近では設計側も、バリアフリーがすべていいとは思っていません。

歩けるうちは歩いて、使える体の機能をどんどん使っていかないと、衰えていく一方だからです。**どれだけ体の機能を長く健康な状態で残しておくかがテーマになります**。しかも、多少の段差や障害物があっても、自分の家なら体が覚えていますし、家で過ごすことが、自然に筋トレにもなります。

バリアフリー化は、本当に歩けなくなって、足が上がらなくなってから考えても遅くはありません。「もう年だから」「今のうちからやっておいたほうがいい」「年寄りだからごはんも全部つくってあげないと」などと何でもお膳立てしてしまうと、どんどん機能が衰えて「できない人」になっていきます。認知症の方が花の絵を描くようになった例のように、いくつになっても新たな行動が生まれる可能性はあります。まだ見ぬ可能性を引き出すくらいの気持ちで「できる人」として接してください。

余談ですが、親の介護を体験された方に聞くと、「大変だったけど、最後に一緒にいることができて、本当に幸せな時間でした」という方が多かったのです。介護は本当に大変なことだと思いますが、やりきったあとは、幸福度や満足度が高かったのです。「親の介護は、親のためではなく、自分のためにやっていたのだとわかった」と。

子どものほうも「親がいたから私がいるんだ」と確認することができます。家族とのつながりや愛を深めることができるのですね。

結局のところ、住まいは「何かと自分とのつながり」を表しているものです。年齢を重ねたとき、改めて親子のつながりを再確認できる。住まいがそんな場であればいいなと思います。

……体の機能を長く健康な状態で残しておくために、「できる人」として扱い、家は筋トレの場所と心得る。

人生がうまくいく部屋の法則

これから前向きに進んでいこうという人向け

視界の左側をきれいにする

入学したばかり、就職したばかり、転職や起業したばかりなど、これから意欲的に何かに取り組んでいこうという人は、前向きになれる、自己肯定感をアップさせていく部屋づくりをしましょう。

ここまで何度も繰り返し出てきた「自己肯定感」ですが、住まいと自己肯定感が結びついているなんて、なかなか想像できない人も多いようです。

でも、考えてみてください。日中は外で働いていて家には寝るためだけに帰ってくるような人でも、人生の約2分の1は家で過ごしています。それがどれだけ自分の潜在意識に影響を与えていることか。部屋が散らかっている人の自己肯定感が低かった例でも説明したように、住まいと自己肯定感は密接な関係があります。

まずは、情報の少ない部屋にしましょう。第1章に書きましたが、情報が多いとそれだけで脳のエネルギーが使われて消耗します。だから、「前向きに進んでいこう」という意欲がなかなか湧きづらくなります。部屋をストレスがない状態にしておく必要があるのです。

とはいえ、部屋をきれいにするのは、なかなか重い腰が上がらないもの。最も簡単なやり方として、「視界の左側をきれいにすること、片づけること」（72ページ）から着手しましょう。大がかりな片づけやリフォームなどしなくても、**まずは視野の左側を片づける。そして、片づいたスペースに好きなもの、お気に入りのグッズなど気分が上がるもの、見るとやる気が出るものを置きましょう。**

いつも座るところ、たとえばテレビの前のソファなら、テレビの左側、デスクにいつも座るならデスクの左側です。

……脳のエネルギーを効率的に使うために、片づける。
難しいなら、とりあえず視野の左側を片づけ、気分が上がるものを置く。

目線より上にいい言葉を貼る

自分を律してよりよい行動をとるために、紙や付箋に「○○しない！」などと書いて壁に貼っているのを見かけますが、これは逆効果です。

脳は否定語を理解できないという話を聞いたことはありませんか。

たとえば、「甘いものは禁止！」と書くと、脳は「甘いもの」をイメージしてしまうのです。

貼るなら、ポジティブな表現で。肯定的なイメージが浮かぶ、気分が上がる言葉や写真を選びます。貼る場所は目線より少し上がおすすめです。姿勢が心をつくることを学びましたね。視線が上に向くことで、気持ちが前向きになるのです。

人間はそもそも、命を守るために、ポジティブなことよりもネガティブなことのほうに意識が向くようにできています。

「うまくいくかな」「どんなふうに見られるかな」「やっぱりできないかも……」など

の頭の中の声は、無意識に不安を助長してしまいます。意識的に気分が上がる言葉を目につくところに貼って、明るい気持ちになれるように脳を自分でコントロールするのです。

そこで第3章で紹介したように、トイレを活用するとよいでしょう。

私は、自分が望む状態に一瞬で変われる質問を書いてあちこちに貼っています。トイレには、今、「楽しんでる?」、洗面所には、今、自分の感覚を「感じてる?」、クローゼットの扉には、今、「感謝できることは?」というふうにです。

トイレに入り、立ち上がった目線の先に「楽しんでる?」という言葉が目に入ると、「そうだ、どんなことも楽しもう♪」と、トイレに入るたびに気分が明るくなります。どんな言葉を自分にかけたら一瞬で前向きになれるか、見つけてみてくださいね。

一瞬で前向きになるポジティブな表現の言葉や写真を目線より上に貼る。

目線より上を明るくする、緑を置く

前向きになるためには、目線より高いところを明るくするのもおすすめです。

私がパソコン作業をするとき、目の前には白い壁がありますが、その壁の目線より上の位置に照明が当たるようにしています。

人には正の走光性があり、明るいほうに意識が向く性質がある、ということはお伝えしましたよね。

日中、パソコンを使うときは、目の前が明るくなっているほうがいいのです。あるいは、目の前が窓で外の景色が見えると、よりいいでしょう。**目線より上に意識が向けば気持ちが前向きになります。**

また、**目線より上の高さに植物を置くのもおすすめです。**

植物にはストレスを抑制する作用があるのは前述の通りですが、緑は筋肉を弛緩させて目の疲れもとってくれます。

狭くて植物を置く場所がないという方は、天井やカーテンレールから植物をぶら下げてみてはいかがでしょうか。天井や窓際に植物を吊るすのは、意外と簡単にできるんですよ。

ハンギングプランター用のフックを天井やポールにつければ、たいてい5kgくらいまでなら落ちてきません。賃貸住宅で使えるフックもあります。カーテンレールにS字フックをかけて植物を吊るすこともできます。

植物を床に置くと、場所もとるし掃除も大変なので一石二鳥です。目線より上に植物があれば、それを見て視線が上に上がりますから気分も明るくなりますよ。


人は明るいほうに意識が向くから、目線より上を明るくして視線を上に向けるしかけをする。目線より高いところに植物を置くか天井などから吊るす。

賞状やトロフィーを飾る

自信をつけたい、という意味では、自分がもらった賞状やトロフィーを飾るのもいいでしょう。がんばって取得した資格の免状もいいいですね。

せっかくいただいたトロフィーや記念の盾をしまってしまうのはもったいない。自分がうまくできた、がんばったという証《あかし》になるので、目につくところに飾っておきましょう。何かあったときに励みになりますし、「そうだ、あのとき、あんなふうにできたんだから、今度も大丈夫」と思えます。

友達や家族と出かけて楽しかった写真も、飾ることで「一人じゃないんだ」という気持ちになり、自信につながります。「私を愛してくれる人、心配してくれる人がいる」。見るたびにそれを思い出すのです。

写真に限らず、自分の気分が上がるもの、見るとうれしくなるものはどんどん飾りましょう。

ポジティブな感情は、やる気やエネルギーを与えてくれます。
私はポジティブ感情を大きく6つのジャンルに分けています。57ページの表のように、人間の欲求を満たす「快」の「得たい感情」の4列に、「わくわく、生き生き、楽しい、興味、希望」といったエネルギーが上がる感情と「畏敬の念、愛、感謝」といったハートにジーンとくる感情の2つを加えて6ジャンルが、前向きにしてくれるポジティブな感情です。これらを感じられるものを見つけて、部屋の見えるところに飾りましょう。

……ポジティブな気持ちになりエネルギーが湧くもの、がんばった証となる賞状やトロフィーを部屋に飾る。

本当のゴールは？

前向きに進んでいくことで叶えたいことは何でしょうか？　どんな感情を満たせると思いますか？

前向きに進んでいきたいと思われている方に、お伝えしたいことがあります。

目標を達成しても、すぐにまた次の目標を掲げて、またがんばる。そんな繰り返しの人生を送っていると、ほかから見ればとても充実した人生に見えます。

でも、当の本人は、「がんばっているのに、何か虚しい。満たされない」と感じている方が多いのです。それは「売上」や「成績」、「いいねの数」など、表面的なことをゴールにしてしまっているからです。残念ながら、それではいつまでたっても満たされないのです。

売上や成績が上がることで満たされるのは、自己承認や他者承認だったりします。

いい成績を取ることで、誰かにほめられたいと心の底で思っている。でも、実際に成績が上がってもほめてもらえなかったらどうでしょうか。結局、また「足りない、足りない」とがんばり続けることになりませんか。

人が叶えたいのは、成果ではなくて、それが実現したときに感じる感情です。誰かに認めてほしい、嫌われたくない、自分には何かが足りない、と思っているうちは、本当に満たされることはないのです。

何をやってもわくわく、生き生き楽しい、希望にあふれた生き方をするには、まず、自分の基本的欲求を満たすことです。そのために、安心、安らぎ、愛、誇らしさが感じられる居場所paо《パオ》を整えてください。本書の内容を参考に、あなたが感じたい感情を「本当に感じられているか」を丁寧に確かめてください。

生き生きと生きるには、「快」の感情を感じることをどんどん自分に許していきましょう。がんばらなくてもいい。あなたは、すでに十分なのです。

前向きに生きるには、自分の感情をまず満たすpаоをつくる。

第4章のまとめ

世帯別「自分の居場所を整えると幸せになる」部屋づくりの法則

人生をより豊かに幸せに暮らすために、住まいで大切なことは、世代に関係なく、「ここにいていいんだ」という居場所感がありながら、自分のパーソナルスペースも守られている居場所pao《パオ》をもつことです。人生のステージ別のテーマにつながっていますが、自分に関係のないテーマであっても、将来、そのステージになったときに開いて見ていただけたらと思います。

子育て

- □子どもは本来「十分な」存在。親が子どもをコントロールしない。子どもの自然な成長をうながすには、子どもの主体性にゆだねる。
- □住まいは親子の距離調節ツール。引き戸などで、子どもが自然に親との距離を離していけるしかけをつくる。子ども部屋は「与える」のではなく「もつ」もの。子どもが自然に使い始めるようにゆだねる。

□子どもに悪影響を与える間取りにしない。具体的には、
・子ども部屋はリビングやダイニング、キッチンから入れるようにする。ただし、リビングを各部屋への通路にしない。
・子ども部屋はリビングや親の寝室に近い位置にする。
・子ども部屋だけを一階や離れにしない。
・家族が集まる習慣をもち、みんなで楽しく憩える場をつくる。
・親であっても、子どものプライバシーを守る。子ども部屋の扉に透明のガラスはつけない。

シニア向け

□スムーズな環境移行のために、思い出や愛着のあるものを、新しい環境に持って行く。
□自分の居場所には、好きなもの、自分らしいものを置く。部屋はどんどん自分らしくしつらえる。
□豊かな環境で脳に刺激が得られるように配慮する。具体的には、
・四季の変化や移り変わりが感じられるよう、外が見える部屋にする。
・自然に触れられるベランダやテラスがある部屋にする。
・近隣との交流ができるよう、玄関先にベンチを置く。

・マンションに住むなら地上の音が聞こえる、1階に近い低層階にする。
・一日中ベッドで過ごす場合、窓の外の変化が見える場所にベッドを置く。部屋に植物や水槽を置く。
□体が弱ってきていても、年寄りだからと「できない人」と扱わず、「できる人」として接する。
□体の機能をできるだけ長く残せるように、家は筋トレの場所と心得る。

これから前向きに進んでいこうという人向け

□脳のエネルギーを効率的に使うために情報を減らす。とりあえず視野の左側をスッキリさせ、気分が上がるものを置く。
□目線より上に前向きになるしかけをする。
・一瞬で前向きになるポジティブな表現の言葉や気分が上がる写真を掲げる。
・人は明るいほうに意識が向くから、壁を明るくして視線を上にあげる。
・植物を置くか天井から吊るす。
□がんばった証となる賞状やトロフィーを部屋に飾る。
□前向きに生きるには、自分の感情をまず満たすことを自分に許す。

終章

住まい環境が変われば、すべてが変わる

……「空間デザイン心理学」を知って幸せな人生へ

お客の要望を満たせばいい家になるわけじゃない

「住まいは人生を変える力がある」

私は心からそう思っています。

自分の理想通りの、一見すると素敵な住まい。それが幸せにつながるとは限らないのです。本人にさえ、自分の本当の望みがわからないことがあります。

先日、私がテレビ出演をした後のこと。そのテレビを見て、間取り相談が来ました。**「この間取りで、夫婦が健康で幸せに暮らせるのか見てほしい」**というのです。以下、その相談内容とやりとりを、プライバシーに配慮して一部紹介します。

50歳くらいのサラリーマンの夫と、新しくカフェを開業したいという妻の2人暮らし。有名なハウスメーカーと地元の工務店の2社から間取りプランとお見積りをもらっていました。拝見したところ、2社の間取りの基本的な構成は似通っていました。

2階建てで1階は妻が営む予定のカフェ店舗、居住スペースは2階です。ご夫婦が住まいに求めるニーズとご夫婦の特性が間取りに合っているか診断したところ、残念ながら「どちらの間取りも、ご夫婦の幸せな生活につながっていない」という結果になりました。

ご夫婦は、新居で「ゆっくり、のんびりしたい」と望まれていましたが、とてもそんな間取りではありません。

幸せな暮らしどころか、ストレスフルな暮らしになってしまう！　単なる微調整では済まないほどの衝撃的な間取りだったのです。ハウスメーカーも工務店の方も、お客さまの幸せを願っていたと思うのに、どうしてこのような間取りになってしまったのでしょうか。

妻のカフェ経営のために、1階の店舗が優先されたため、居住スペースはかなり狭くなっていました。リビングやダイニングは家の北側に配置され、陽当たりが悪く、通路になっていて、典型的な落ち着かない、散らかりやすい、夫婦の会話がしにくい、お互いのつながりも安心も感じにくい間取りでした。

これではご夫婦の基本的欲求が満たされず、不安や悲しみ、満たされない気持ちを感じてしまいそうです。

加えて、工事費もふくれあがっていました。新居の予算は5000万円程度であったのに対し、現状の見積り金額をお聞きしたところ、なんと「1億円になるんです……」と震えるような声で妻がおっしゃるではないですか。

私がびっくりしていると、夫が「自分ががんばって、昼だけでなく夜も働けば、夜も働けば……」と体をこわばらせながら何度もおっしゃいました。妻の夢を実現してあげたいという想いでいっぱいなのです。

心が痛すぎて涙が出てきました。

そんなにまでして働かないと買えない家。ローン返済のために働きに働いて、夫婦の時間が減ってしまう家。

カフェをやりたい本当の理由を聞くと、日中、妻が一人で家にいると寂しいからだと言います。でも、家を買ってしまったら、夫は今よりもっと忙しく仕事をすることになり、帰ってこなくなるでしょう。

ハウスメーカーも工務店も、お客さまのためによかれと思ってプランを立てています。「カフェを開きたい」とお客さまが要望を伝えれば、つくる側はそれをなんとか実現させようとする。一般的には、お客さまの本当のニーズをつかむのは難しいので、**お客さまの夢いっぱいの要望に次々と応えているうちに、いつの間にか、要望の寄せ集めのようになってしまったのかもしれません。お客さまの要望が満たされれば、よい家になるわけではないのです。**

ご夫婦の本当の望みは、「テラスの椅子や陽の当たるソファで庭を眺めながら、のんびりゆっくりしたい」「庭の花を眺めて、走り回る犬を眺めて愛でたい」。つまり、**のんびり、安心、安らぎ、愛おしいという感情を感じる住まいがほしかったのです。**

「もし、カフェがなかったとしたらどうですか？」

私はこう尋ねました。1階に広いリビングと庭があり、植物を育て、犬を飼い、そこでのんびりお茶を飲んで……。そう、カフェにこだわらなくても、ご夫婦が望んでいる住まいは手に入るのです。それも当初の予算よりもずっと少ない金額で。

住まいは人生で幸せを実現するために買ってほしい。家を手に入れたことで大変な人生になるのでは、家を買う意味はありません。**大事なのは、要望に応えることではなく、要望の下にある「感じたい感情」を引き出して叶えることなのです。**

「プランを白紙に戻すことになりますが、幸せな未来のために本当に大切なことを実現していきましょう。建てる前に気づけてよかったですね」
そう言って、ご夫婦と3人で涙しました。

「空間デザイン心理学」はこうして生まれた～主語がモノから人へ

空間は人の心理と体、行動、習慣、性格、意識、人間関係などに影響を及ぼします。インスタで素敵な家やインテリアがアップされていると、「いいな、私もマネしたいな」と憧れてしまう気持ちはわかります。でも、素敵なモノだけ寄せ集めても、本当にあなたの望む部屋や、あなたや家族の心を満たす住まいをつくることはできません。

多くの住まいづくりでは、間取りやキッチン、壁紙、家具などの「モノ」の話がほとんどです。

「モノ」をデザインしているからです。「どんなインテリアがよいですか」「クロスはどうしますか」「ここの家具はどうしますか」などと聞き、「ここの仕上げは……」と提案します。主語は「モノ」です。

一方、空間デザイン心理学®にもとづいた空間づくりでは、「あなた」を理解するために多くの時間を割いています。あなたの「心と行動」をデザインするためです。どんな「快」感情を感じたいのか（＝本当に望んでいるニーズ）を特別なヒアリング法（ＬＤＮメソッド®）で引き出して、それを満たす提案を行っていきます。「いつもどこに座っていますか」「ここでどんな気持ちを感じて暮らしたいですか」などと聞いて、「あなたが感じたい感情を満たすのは、こんな間取り、こんな仕上げ、こんな照明、こんな家具です」と提案します。主語は常に「人」です。

一見、住まいとは直接関係がないような夫婦関係や子どもの成長、日々のストレスや自己肯定感まで、空間からかなり影響を受けているということ。本書をここまで読んでくだされば、おわかりいただけますよね。

どんな場所にいると落ち着くことができるのか、どんな場所なら集中して仕事や勉強ができるのかは、その人の性格や環境に対する敏感さの特性によっても違ってきます。

だから、「モノ」ではなく、そこに住む「人」をどれだけ深く理解することができるかによって、空間が変わってくるのは当然のことなのです。

住まいや場所について、なぜ誰も気にしないの？

空間デザイン心理学は、生物として「人が幸せに生きるための心と行動」をデザインするものです。**建築やインテリア、色彩などの知識に、人間を理解するためのさまざまな科学を取り入れた「本当に心を満たす空間づくりの知識」です。理想の気持ちや行動を自然にうながし、叶えたい欲求の実現を空間によってサポートします。**

その領域は幅広く、多くの心理学（環境心理学、発達心理学、家族心理学、行動心理学、進化心理学、感情心理学、知覚心理学等）と脳科学、認知科学、生態学などなど、ここには書ききれないほどの科学にもとづいています。

私は、小学校のときにいじめに遭ったこともあり、「本当はいい子なのに、どうして意地悪をしちゃうんだろう」と残念に思っていました。そんなことから、悲しい人、つらい人を減らしたい、人の悲しい面ではなく、素敵な面を見たいと漠然と思うようになりました。

まず、栄養学を学びました。人の幸せや健康には食べ物が大事だと思ったのです。学べたことはとてもよかったのですが、望む就職先がなく、結局、大企業の総合商社に秘書として就職しました。

数年勤務するうちに、手に職をつけて自分らしく生きたいという思いが湧き上がり、インテリアの専門学校（フェリカ家づくり専門学校の前身校）に入学しました。そこから一級建築士の資格を取ったのです。

今思えば、建築も栄養も一緒だなと思います。食べ物は口から入って人の健康をつくります。だから、多くの人は食べ物に気をつけますよね。

建築や空間も、目から耳から皮膚から多くの情報が入ります。食事は朝昼晩の一日3回ですが、空間から入る情報は全身から、24時間ずっと入力し続けているのです。その情報によって自分はできていると言っても大げさではありません。

「なぜ、人は食べ物は気にするのに、住まいや場所のことになると、見た目に気をとられて、それを取り入れた影響を気にしないの？」

そんな疑問がわいてきました。**センスがいい家とか使い勝手がいい家という意識はあっても、空間のさまざまな情報によって自分がつくられているという意識はないの**

です。住空間が、情報としてずっと自分に入力され続けていることに気づかないのは、すごくもったいないことだな、と思うようになりました。

そんなとき、母親が大腿骨《だいたい》骨折で入院しました。入院した部屋の窓から見えるのは、隣の病棟の白い壁だけ。天気もわからないような部屋で、2カ月以上を過ごしました。ようやく車椅子で移動できるようになり、病院の談話室に行きました。そこは陽も当たらず、自動販売機がぽつんと青白い光を放っているだけ。蛍光灯は今にも切れそうでチカチカしていて、枯れかけた観葉植物が散乱し、ソファのビニールの座面は破れていました。

入院患者の憩いの場であるはずなのに、その空間が与えるメッセージは、「あなたは日陰の人。病人なんだから人格はありません。快適さは求めないでください。病院スタッフは忙しいんです」といったところでしょうか。とても悲しい空間でした。

その後、車椅子で病院の外に出られるようになり、1本だけ咲いている桜の木を見たときに、母は涙が出たと言っていました。

もともと母はとても明るく、活動的な性格でしたが、入院しているうちにどんどん元気がなくなり、暗くなっていってしまいました。それどころか、患部は足だけなのに、あちこち具合が悪くなってしまったのです。

一刻も早く退院させようと努力して、ようやく退院。退院したら1週間もしないうちに、もとの明るい母に戻り、ホッとしました。

病院にいれば健康になると思っていました。やはり、機能性や効率が優先されて大事なことを見失っているようでした。「空間づくりを変えるには科学的根拠が必要。住まいは自由にありのままで過ごせることが大事なんだ」と痛感したのです。

そして、早稲田大学の人間科学部を受験し、2年生に編入。そこで偶然とは言えないような出逢いがありました。小島隆矢教授から真のニーズを見つける方法、評価グリッド法®（関東学院大名誉教授、讃井純一郎開発）を学んだのです。

収納をつくっても自分を責めていたお客さまと出会ってからずっと、本当のニーズをつかむ方法を模索していたところでした。

仕事をしながら大学院まで6年間、無我夢中で人の健康と幸せに空間がどう影響しているのかを研究しました。夜12時に仕事から帰宅すると朝4時まで勉強、睡眠をとってまた朝9時から仕事という日々。

住まいや空間のせいで、人が悲観的になったり、具合が悪くなったりしてしまう。そういう悲しい顔をしている人をなくしたかったのです。空間はもっと人を幸せにできる。そう信じていました。

実は大学に編入する前に離婚をしています。パートナーシップがうまくいかず、落ち込みました。でも、自身が本当に幸せでなければ、人の健康や幸せなんてわかりっこない。だから、自分が本当に幸せであることも同時に追求していました。

大学、大学院で学びながら、自分を満たすことにもエネルギーを注ぎました。セミナーに行ったり、コーチングや瞑想を身につけたり。日本にとどまらず、世界中で心を満たすために必要なあらゆることを学びました。

一般的に「建築」と呼んでいるものに加えて、「人間とは何か、人間はどうしたら幸せになれるのか」という、言ってみれば幸せの研究をたくさん積み重ねてきました。そのなかから空間に使えるエッセンスを抽出し、体系化。さらに、評価グリッド法®に幸せの実現法を組み込んで独自のヒアリング法を開発。そうしてできあがったのが「空間デザイン心理学」です。

収納ができても片づけられずに自分を責めているお客さまに出会ってから25年。やっと答えを見つけました。

幸せは伝播する。自分の居場所を整えるとすべてが整う

住まいは、人生そのものです。

「自分の居場所」をもつ大切さについて何度かお伝えしましたが、「落ち着かない」「ストレスがある」とおっしゃる方の多くは、安らげる居場所がないことが原因であることがとても多いのです。そして困ったことに、その原因が「居場所のなさ」であることに自覚がありません。それどころか、自分が本当に得たい感情に気づかずに「何かが足りない」と、お金や名声、モノなど表層のことを必死に手に入れようとします。

住まいは、大きく2つの欲求を満たす必要があると思います。

ひとつは、**「人間が命を存分に生きられる生息環境を整えること」**。**つまり、基本的欲求を満たすこと**です。それは、何気ない会話の中で体験を共有し、無意識に家族や

仲間から受け入れられていると感じ、一人でいるときも、みんなで過ごすときも自分らしくいられる住まいです。

もうひとつは、ひとりひとりが**「ありのままの自分で生き生きと成長し、社会に貢献する生き方を育むこと」**。**つまり自己実現、自己超越の欲求を満たすこと**です。それは、本当にやりたいことを自分にさせてあげることができ、成長し、世の中のお役に立っていく人を育む住まいです。

基本的欲求が満たされなければ、真の健康と幸せは手に入りません。多くの人が望んでいる「ありのままの自分で、強みを生かして自己実現する」という生き方は、基本的欲求を満たしてこそなのです。

だから、**住まいづくりで大切なのは、心と体の居場所pao《パオ》を整えることです**。そのために必要なステップは3つです。

① 自分が本当に望んでいること（ニーズ）を知る

② 人間に共通する特性と、自分の特性を知る

③ 空間の影響を知ったうえで、自分に合う住まいに整える

たとえば、パンダを飼うなら、どんな環境が適しているのか、どんな心理や行動パターンをもっているのか、パンダの特性と、そのパンダのニーズや個性を知ろうとしますよね。その上で、環境を整えます。それと同じことです。

これまで住まいで人を幸せにしたい、と繰り返しお伝えしてきました。**真の幸せには、心の安らぎや自分の内側からの喜びを感じられることが大切です。「私はここにいていいいんだ」という安心感とともに、そこにいるだけで満たされる。住まいをそんな場所にしていきましょう。「居場所のなさ」を本当の意味で解消できるのは、自分だけなのです。**

あなたが心から満たされると、幸せがあふれだし、そのエネルギーは外側に向かって広がります。家族や仲間に伝播《でんぱ》した幸せは、その周りに伝わっていきます。

もっとわかりやすく言えば、自分が満足できていないと、ほかの人のことを考える余裕がなくなってしまいます。すると、「自分、自分」になって視野は狭くなります。

自分が満たされて初めて、意識が外側に広がります。

家に置き換えれば、自分と家族が満たされたら、地域に意識が向きます。地域でゴミ拾いのボランティアをしようとか、地域の子どもたちの役に立とうという意識が生まれます。それが社会に広がり、地球、宇宙にまで広がります。

だから、自分を満たしていくことが、ひいては世界全体の平和や幸せにつながっていくのです。

幸せは、あなたが今いる〝ここ〟から始まっています。

あなたが今いる〝ここ〟は、あなたにとって居心地のいい場所ですか。あなたは今、満たされていますか。

おわりに　空間を通して、世界に愛と輝きを

「空間を通して、世界に愛と輝きを」——これが私の使命です。

住まいは幸せをサポートするツールで、空間づくりは幸せをサポートするプロセスだと考えています。住まいは人生の2分の1以上を過ごす場所。いくら「がんばって夫婦の会話をもとう」と思っても、会話が生まれる間取りや家具の配置でなかったら、とても大きな努力が必要になります。がんばり疲れてしまう前に、ちょっと部屋を変えてみませんか。

空間は意思より強く、人生に影響します。だから住まいを、あなたの人生を応援してくれる空間にしましょう。

もし、何かお困りごとがあれば、日本全国、海外に、空間デザイン心理学の知識を身につけた資格者がいます。あなたの悩みに耳を傾け、本当のニーズを引き出し、特性を見極めて、一緒に解決策を導き出してくれると思います。

科学は更新されていきますし、本来は本書に記載したように、いくつかの研究結果を単純に一般化することはできません。それでも、研究者が残してくださった成果を、少しでも実際の空間づくりに役立てる橋渡しができていたら嬉しく思います。私もまだまだ研究を重ねて空間デザイン心理学を発展させていきます。

あなたがもっと楽に、自然に、本来の輝きに満ちた幸せを生きられますように。

最後に、温かく見守り応援してくださった青春出版社の野島純子さんをはじめ関係者の方々、人間科学、建築、心理学などをご教授くださった小島隆矢教授をはじめ早稲田大学の先生方、仲川孝道先生、諸富祥彦先生、三島俊介先生、先人の研究者の方々、仕事を依頼してくださったお客さま、空間デザイン心理学の資格者や受講生のみなさん、スタッフの村田さん、大辻さん、川原さん、大切な家族や太古からのご先祖さま、出逢ったことのない方々や物たちのおかげで今があります。心から感謝しています。

高原美由紀

あなたの居心地のいい居場所が診断できる！

付録 パーソナル居心地診断® 簡易版

あなたは左右どちら側を片づけたらスッキリするか、
集中できる部屋はどんな場所かを簡単に診断できます。
空間デザイン心理士®が実践している
「パーソナル居心地診断®」の簡易版です。

下のQRコードからアクセスして、
あなたの居心地のいい居場所のヒントにしてください。

Yong-Moon Mark Park et al., : Association of Exposure to Artificial Light at Night While Sleeping With Risk of Obesity in Women, JAMA Internal Medicine, 2019, 8
Rogers, R. & Monsell, S.: The costs of a predictable switch between simple cognitive tasks. Journal of Experimental Psychology: General, 124, 207-231, 1995
Rubinstein, J. S., Meyer, D. E. & Evans, J. E.: Executive Control of Cognitive Processes in Task Switching. Journal of Experimental Psychology : Human Perception and Performance, 27, 763-797, 2001
Lang, P. J . : The varieties of emotional, experience: a meditation on James-Lange theory, Psychological Review, 101(2), 211-221, 1894
Lange, C. G. : The emotions (I. A. Haupt, Trans.). In K. Dunlap (Ed.), The emotions 33-90, Hafner Publishing Company,1967
Long, Yu, et al., : Green light analgesia in mice is mediated by visual activation of enkephalinergic neurons in the ventrolateral geniculate nucleus, science translational medicine, 14, 674, 2022, 12

第 4 章

浅野良輔ほか：日本版 HEMA 尺度の作成と検討：幸せへの動機づけとは，心理学研究，85, 1, 69-79, 2014
稲葉直樹, 佐藤将之：住宅の断面空間における母子の居方から見た互いの距離感に関する研究，日本建築学会計画系論文集，743, 1-9, 2018
Ismail, S., Christopher, et al. : Psychological and Mnemonic Benefits of Nostalgia for People with Dementia. Journal of Alzheimer's Disease, 65, 1327– 1344, 2018
大原一興：高齢者住宅の考え方とその事例，秋山哲男編，高齢者の住まいと交通，東京都立大学出版局，3, 1, 1993
大谷華：場所と個人の情動的なつながり：場所愛着，場所アイデンティティ，場所感覚，環境心理学研究，1, 1, 58-67, 2013
門地里恵：ポジティブ感情の換気：香粧品を例とした生活感情に関する論考，感情心理学研究，29, 2/3, 64-71, 2022
楠見 孝編：なつかしさの心理学：思い出と感情，誠信書房．2014
呉宣児：語りから見る原風景：心理学からのアプローチ，萌文社，2001
後藤礼彦：家族と住宅の間取りの研究，JICE report，Report of Japan Institute of Construction Engineering，8, 41-46, 2005
杉本希映，庄司一子：「居場所」の心理的機能の構造とその発達的変化，教育心理学研究，54, 3, 2006
外山知徳：住まいの家族学，丸善，1985
外山知徳：家族の絆をつくる家—失敗しない住まいづくりのため 30 講，平凡社，2007
高原美由紀ほか：住まいに関わる記憶と愛着に着目した調査研究 その 3：高齢者を対象としたインタビュー調査，日本建築学会学術講演梗概集，47-48, 2015
田高悦子ほか：認知症高齢者に対する回想法の意義と有効性：海外文献を通して，老年看護学，9, 2, 56-63, 2005
朴智妍，西出和彦：同居時に居住者が感じる「領域」の認識，日本建築学会計画系論文集，81, 719, 47-56，2016
根ケ山光一：発達行動学の視座，金子書房，2002
野村信威：高齢者における回想法のエビデンスとその限界，心理学評論，64, 1, 136-154, 2021
福田裕美, 森田健：パーソナルスペースへの他人の侵入がもたらす指示領域及び生理面への影響，日本建築学会技術報告集，8, 15, 195-198, 2002
深瀬裕子, 岡本祐子：老年期における心理社会的課題の特質：Erikson による精神分析的個体発達文化の図式 第Ⅷ段階の再検討，発達心理学研究，21, 266-277, 2010
藤生大我ほか：介護老人保健施設利用者に対する脳活性化リハ 5 原則に基づいた回想法実施充実度と効果の関係，認知症ケア研究誌，285 92, 2018
Henk Aarts et al. : Preparing and Motivating Behavior Outside of Awareness, Science, 319, 5870, 2008, 3
Praag, van H., et al.: Neural consequences of environment, Naturel Reviews Neuroscience, 1, 191-198, 2000
Proshansky et al. : Place-identity: Physical world socialization of the self. Journal of Environmental Psychology, 3, 57-83,1983
松田妙子：家をつくって子を失う：中流住宅の歴史 子供部屋を中心に，住宅産業研修財団，1998
山本竜也：豊かな環境，脳科学とリハビリテーション，12, 0, 7-11, 2012
横山彰人：子供をゆがませる「間取り」，情報センター出版局，2001
渡辺利夫，那須みどり：住まいが性格形成に与える影響Ⅰ，日本教育心理学会，1996
渡辺利夫：住まいが性格形成に与える影響Ⅱ，日本教育心理学会，1997

終章

Fowler, James. H., Christakis. Nicholas A.: Dynamic spread of happiness in a large social network: longitudinal analysis over 20 years in the Framingham Heart Study, BMJ, 337, a2338, 2008
高原美由紀：ライフデザインナビゲーターテキスト，空間デザイン心理学協会，2023
空間デザイン心理学協会，https://www.sdpa.jp/

Kutner, Jr, D. H.: H, Overcrowding, Human responses to density and visual exposure, Human Relations, 26, 31-50, 1973
源城かほりほか：室内植物によるオフィスワーカーのメンタルヘルスケアに関する実証研究 第５報：ワーカーの生理心理反応の観点から見た執務室に最適な植物量の検討，空気調和・衛生工学会大会学術講演論文集，0, 25-28, 2020
杉本匡史ほか：天井高が認知課題成績に及ぼす効果：拡散－収束課題，空間記述文読解を用いた検討，日本認知科学学会，244-252, 2012
国土交通省都市・地域整備局，公園緑地課緑地環境推進室：都市の緑量と心理的効果の相関関係の社会実験調査について，国土交通省 HP, 2005
佐藤俊彦：感情神経科学と感情心理学の先駆としての James-Lange 説 1：泣くから悲しいという逆転の発想はどこから来たのか？，長野大学紀要，43, 1, 1-8, 2021
Jack. A. Vernon : Inside the Black Room, C.N. Potter, 1963, 大熊輝雄訳，暗室の中の世界：感覚遮断の研究，みすず書房 ,69-74, 1969
James, W. : The feeling of effort. Boston : Boston Society of Natural History, 1880
James, W. : What is an Emotion? Mind, 9, 34, 188-205, 1884
James, W. : The principles of psychology (Vols.1-2), New York : Henry Holt and Company, 1890
James, W. : Psychology : Briefer course. London: Macmillan and Co, 1892
James, W. : Discussion : The physical basis of emotion, Psychological Review, 1, 5, 516-529
Jie. Yin et al. : Effects of biophilic indoor environment on stress and anxiety recover : A between-subjects experiment in virtual reality, Environ. Int. Vol.136, 105427, 2020
塩見真衣，尾辻涼佳，秋元孝之：木質内装空間が自律神経状態を介して知的生産性に及ぼす影響に関する被験者実験，空気調和・衛生工学会大会学術講演論文集，10, 113-116, 2021
Zimmermann, M. : Neurophysiology of Nociception. In: International Review of Physiology, Neurophysiology II , Poter,R.(ed.) University Park Press, Baltimore, X, 179-221, 1976
Zimmermann, M. : Neurophysiology of Sensory Systems. In "Fundamentals of sensory Physiology", Schmidt, R. F. Ed., Springer-verlag, 1978, 岩村吉晃他訳，感覚生理学，金芳堂，1980
鈴木晶夫：姿勢に関する基礎的研究：その行動とイメージとの検討，早稲田心理学年報，18, 27-36, 1986
鈴木晶夫，春木豊：姿勢と意識性に関する実験的研究，早稲田心理学年報，20, 1-7, 1988
鈴木晶夫：躯幹と顔面の角度が意識性に及ぼす影響，心理学研究，62, 378-382, 1992
高原美由紀：空間デザイン心理士プロ教本，空間デザイン心理学協会，2023
田崎未空ほか：窓と観葉植物を併用した室内での心理・生理的効果に関する被験者実験 第２報：心理量，知的生産性および視線計測の結果，空気調和・衛生工学会大会学術講演論文集，10, 2021
Dave Crenshaw : The Myth of Multitasking: How "Doing It All" Gets Nothing Done 2nd Edition, Mango, 2021
Devora Zack: Single tasking: Get More Done-One Thing at a Time, Berrett-Koehler, 2015
西村三香子，伊香賀俊治ほか：木質内装空間が自律神経状態を介して知的生産性に及ぼす影響に関する被験者実験，空気調和・衛生工学会大会学術講演論文集，8, 41-44, 2017
西村三香子，伊香賀俊治ほか：睡眠の質と日中の知的生産性を高める住宅内装木質化率に関する被験者実験，空気調和・衛生工学会大会学術講演論文集，6, 266-268, 2016
西村三香子，伊香賀俊治，平田潤一郎：木質内装空間が自律神経状態を介して知的生産性に及ぼす影響に関する被験者実験，空気調和・衛星工学会学術講演論文集，8, 44, 2016
西村三香子，伊香賀俊治ほか：公住宅の内装木質化が睡眠と日中の知的生産性に及ぼす影響，日本建築学会関東支部研究報告集，86, 225-228, 2016
野口公喜：快適な睡眠のための照明環境整備に関する研究，九州芸術工科大学，2001
野村収作：青色のストレス反応抑制効果：唾液コルチゾールによる検証，映像情報メディア学会，68, 12, 537-539, 2014
林里奈，加藤昇平：ロボット・セラピーにおける柔らかい触感の重要性，日本完成工学会，18, 1, 23-29, 2019
橋本幸博，鳥海吉弘：オフィス空間における植物量のストレス緩和への影響に関する研究，日本建築学会計画系論文集，77,680, 2012
深澤伸一，下村義弘：周辺視野への視覚的な動きと音による情報提示が気づきやすさと作業集中性に及ぼす影響，人間と生活環境，24, 1, 2017
ミハイ・チクセントミハイ：今村浩明訳，フロー体験 喜びの現象学，世界思想社，1996
ミラー．S. アラン：進化心理学から考えるホモサピエンス，パンローリング，2019
Meyers–Levy, J. and ZHU, R. : The Influence of Ceiling Height : The Effect of Priming on the Type of Processing that People Use. Journal of Consumer Research, 34, 2, 174–186, 2007
Mehrabian, A.: Individual differences in stimulus screening and arousability, Journal of Personality, 45,237-250, 1977
茂木みほか：リビング学習の適正な環境に関する研究：照明による環境設定の試み，早稲田大学基幹理工学部表現工学科卒業研究論文ライブラリ，2017
Morita, Emi, et al. : Association of wood use in bedrooms with comfort and sleep among workers in Japan : a cross-sectional analysis of the Sleep Epidemiology Project at the University of Tsukuba (SLEPT) study, Journal of Wood Science 66, 1, 10, 2020
山口創：皮膚感覚と脳，日本東洋医学系物理療法学会誌 ,42, 2, 2017
山口創：子供の「脳」は肌にある，光文社，2004
山口創：皮膚という「脳」- 心を操る神秘の機能，東京書籍，2010
Yoko HOKI, et al. : Do Carpets Alleviate Stress?, Iran J Public Health, 45, 6, 715–720, 2016

小野田瑠璃，吉岡和子：家庭における居場所感が思春期の子どもに与える影響：自己肯定感と友人に対する「甘え」との関係に着目して，福岡県立大学心理臨床研究，6, 75-84, 2014
杉本希映，庄司一子：「居場所」の心理的機能の構造とその発達的変化，教育心理学研究，54, 289-299, 2006
渋谷昌三：人と人との快適距離，NHK ブックス，1990
渋谷昌三：人の空間行動，哲学会誌，3, 1975
鈴木昌夫：パーソナルスペースの基礎的研究Ⅰ，人間科学研究，1, 1, 23-29, 1988
Smarr, C. A., et. al. : Understanding younger and older adults' needs for home organization support. Proceedings of the Human Factor and Ergonomics Society, 58, 150-154, 2014
Sommer R. : Studies in personal space, Sociometry, 22, 247-260, 1969
高橋鷹志，西出和彦ほか：住居における行動場面に関する研究，住宅総合研究財団研究年報，18, 129-138, 1992
高原美由紀：住環境が居住者の心の健康に及ぼす影響に関する研究，早稲田大学人間科学学術院人間科学研究，32, 37,　2019
内閣官房こども家庭庁設立準備室：こどもの居場所づくりに関する調査研究，1993
内閣府：令和３年度子ども・若者状況及び子ども・若者育成支援施策の実施状況，令和４年版子ども・若者白書，2022
早川亜希，橋本雅好，佐藤将之：幼児の指示代名詞による領域分節に関する実験的研究，日本建築学会計画系論文集，669,
2101-2107, 2011
Heshka, S. & Nelson, Y. : Interpersonal speaking distance as a function of age, sex and relationship, Sociometry, 35,　491-498, 1972
Human Factors for Designers of Naval Equipment, 1971
Hall. E. T. : The hidden dimension. New York, Double day and Company, 1966, 日高敏隆，佐藤信行訳，かくれた次元，みすず書房，1970
松島なぎさ：大学生の居場所と心理的自立の関連について，心理臨床研究，9, 23-32, 2019, 3
Little, K. B. : Cultural variations in social schemata, Journal of Personality and Social Psychology, 10, 1-7, 1965

第３章

Ivy C. Mason et al. : Light exposure during sleep impairs cardiometabolic function, Proceedings of the National Academy of Sciences, 119, 12, 2022, 3
Ikei, Harumi et al., : Physiological Effects of Visual Stimulation Using Knotty and Clear Wood Images among Young Women, Sustainability, 2020, 12
一志 哲夫ほか：ブース空間における色彩環境が情報処理活動に与える影響個人の知的活動を支援する物的環境デザインに関する研究 1, 日本建築学会計画系論文集，81, 720, 293-301, 2016
市原真希，張本知芳ほか：照明計画と知的生産性に関する研究，大成建設技術センター報，43, 2010
市村賢士郎ほか：ラーニングコモンズの環境要因と創造性課題の成績との関連，日本教育工学会論文誌，42, 1, 55-64, 2018
石丸園子：心理状態と生理計測値および触刺激との関係について，繊維製品消費科学，47, 12, 2006
伊藤浩士ほか：都市型オフィスにおける窓面を通じたバイオフィリアによる心理・生理的効果，日本建築学会環境系論文集，87, 794, 2022
井上昇：椅子，建築資料研究社 2008
ウィルソン，O, エドワード：バイオフィリア，筑摩書房，2008
Essick GK, James et al., : Psychophysical assessment of the affective components of non-painful touch, Neuroreport, 10, 2083-7, 1990
大谷華：スクリーナー特性と失敗傾向および注意配分に関する研究，人間・環境学会誌 ,14, 1, 2011
大平英樹：ジェームズーランゲ説，子安増夫，丹野義彦・箱田裕司監修，現代心理学辞典，278, 有斐閣，2021
大森正子ほか：色彩刺激に対する心理評価と生理反応評価，日本色彩学会誌，26, 2, 50-63, 2002
小川聡，伊香賀俊治ほか：オフィスサポート空間の光・視環境が自律神経を介して執務者の疲労・眠気・作業効率に与える影響の被験者実験，空気調和・衛生工学会大会学術講演論文集，0, 21-24, 2014
小川聡，伊香賀俊治ほか：オフィスサポート空間の光・視環境が執務者の作業効率に及ぼす影響：心拍測定による検証，日本建築学会学術講演梗概集，1219-1220, 2014
久保田剛司・松本博：観葉植物のグリーンアメニティ効果に関する研究 第２報：植物に対する好みが心理・生理反応に及ぼす影響，空気調和・衛生工学会大会学術講演論文集，0, 189-192, 2016
Weinstein, N. D. : Individual differences in reactions to noise : A longitudinal study in a college dormitory, Journal of Applied Psychology, 63, 4, 458–466, 1978
越智啓太：日本語版環境刺激敏感性尺度の作成とその特徴，環境心理学研究，7, 1, 2019
鎌田安住ほか：デスクワーク時の集中を阻害する 周辺視野領域での視覚妨害刺激の基礎検討，情報処理学会，研究報告ヒューマンコンピュータインタラクション，HCI-192, 19, 1-8, 2021
Cannon, W. B. : The James-Lange theory of emotions : A critical examination and an alternative theory, American Journal of Psychology, 39, 106-124, 1927
Cannon, W. B. : Bodily changes in pain, hunger, fear and rage : An account of recent researches into the function of emotional excitement (2nd ed.), New York: D. Appleton and company, 1929
Cannon, W. B. : Again the James-Lange and the thalamic theories of emotion, Psychological Review, 38, 281-295, 1931
岐部智恵子，平野真理：日本語版青年前期用敏感性尺度（HSCS-A）の作成，パーソナリティ研究，28, 2, 108-118, 2019

主要参考文献

序章

高原美由紀：空間デザイン心理学協会パンフレット, 2021

第 1 章

Altman, I. & Haythorn, W. W. : The ecology of isolated groups, Behavioral Science, 12, 169-182, 1967
今城周造：説得への抵抗と心理的リアクタンス, 心理学評論, 48, 1,44-56, 2005
永江誠司：脳と認知の心理学, ブレーン出版, 46-47, 1999
Edney, J.J. : Territorial spacing on a beach, Sociometry, 37, 92-104, 1974
遠藤めぐみ：日本語の指示詞コ・ソ・アの使い分けに関する言語心理学的研究, 東京大学教育学部紀要, 28, 285-294, 1989
Oei, N. Y et al., : Psychosocial stress impairs working memory at high loads : An association with cortisol levels and memory retrieval. Stress, 9, 133–141, 2006
ケリー・マクゴニガル：神崎朗子訳, スタンフォードの自分を変える教室, 大和書房, 2013
ケリング, G. L. et al., : 割れ窓理論による犯罪防止：コミュニティの安全をどう確保するか, 小宮信夫監訳, 文化書房博文社, 2004
小島隆矢, 若林直子, 平手小太郎：階層的評価構造における因果関係の探索的モデリング：環境心理評価構造における統計的因果分析 その 1 およびその 2, 日本建築学会計画系論文集, 535 & 556, 2000.9 & 2002, 6
小島隆矢：自覚されない評価構造へのアプローチ, 日本建築学会大会学術講演梗概集, 63-66, 2014
小林秀樹：集住のなわばり学, 彰国社, 1992
佐藤将之：保育・生活場面の展開と心身や空間早く能力の発達からみた保育施設環境の所要規模に関する研究, 厚生労働科学研究成果データーベース総括研究報告書, 200901017A, 2010
讃井純一郎, 乾正雄：レパートリー・グリッド発展手法による住環境評価構造の抽出：認知心理学に基づく住環境評価に関する研究 1 & 2, 日本建築学会計画系論文集, 367 & 374, 1986 & 1987
ジークムント, フロイト：フロイト著作集 1, 精神分析入門正・続, 懸田克躬, 高橋義孝訳, 人文書院, 1983
ジークムント, フロイト：自我論集, 竹田青嗣編集, 中山元訳, 筑摩書房, 1996
ジークムント, フロイト：精神分析入門(上), 高橋義孝ほか訳, 新潮社, 1977
Zimbardo, P. G. : The human choice : Individuation, reason, and order versus deindividuation, impulse, and chaos, Nebraska Symposium on Motivation, 17, 237–307, 1969
Sundstrom, E. & Altman, I.: Field study of territorial behavior and dominance, Journal of Personality and Social Psychology, 30, 115-124, 1974
高原美由紀：空間デザイン心理士教本, 空間デザイン心理学協会, 2023
橋本雅好, 早川亜希：幼児の心理的領域に関する実験的研究：指示代名詞領域を対象として, 日本建築学会計画系論文集, 76, 669, 2101-2107, 2011
橋本郁子ほか：指示代名詞の使い分けによる 3 次元空間の領域分節, 日本建築学会計画系論文集, 552, 155-159, 2002
西出和彦, 高橋鷹志：指示代名詞の使い分けによる個人空間の領域分節, 日本建築学会研究報告集, 153-156, 1988
Pastalan, L. A. Privacy as an expression of human territoriality. In Pastalan, L. A., and Carson, D. H. (eds.): Spatial
福田正治：感情(情動)の分類：進化論的感情階層仮説, 富山医科薬科大学一般教育, 26, 35-52, 2001
福田正治：感情の階層性と脳の進化：社会的感情の進化的位置づけ, 感情心理学研究, 16, 1, 25-35, 2008
Behavior of Older People, University of Michigan Press, Ann Arbor, 1970
Brehm, Jack W. : A theory of psychological reactance, Academic Press, 1966
Proshansky, H et al. : Environmental psychology：Man and his physical setting. Holt, Rinehart & Winston, 1970Sommer, R. & Feilipe, N : Invations of personal space, Social Problems, 1966
マズロー, A. H.：人間性の心理学, 産能大学, 1987
メイナード. K. 泉子：指示表現の情意, 日本語科学, 19, 55-75, 2006
山川 香織, 大平 英樹：ストレス下における不合理な意思決定：認知機能の側面から, 生理心理学と精神生理学, 36, 1,40-52, 2018
Yoshimi Ohgami, et al.,：The contralateral effects of anticipated stimuli on brain activity measured by ERP and fMRI, Psychophysiology, 60, 3, 2023.3
Rosenberg, B. D. & Siegel J. T.: A 50-year review of psychological reactance theory : Do not read this article. Motivation Science, 4, 281-300, 2018
Lupien, S. J. : The effects of stress and stress hormones on human cognition: Implications for the field of brain and cognition, Brain and Cognition, 65, 209–237, 2007

第 2 章

青野篤子：対人距離に関する発達的研究, 実験社会心理学研究, 19, 2, 1980
有光祐子, 西出和彦ほか：空間における心理的領域に関する研究その 3：平面的な広がりにおける個人のタイプ分類, 日本建築学会学術講演梗概集, 1011-1012, 1994
石本雄真：居場所感に関連する大学生の生活の一側面, 神戸大学大学院人間発達環境学研究科研究紀要, 2, 1, 1-6, 2008
石本雄真：青年期の居場所感が心理的適応, 学校適応に与える影響　発達心理学研究, 21, 3. 278-286, 2010
河越麻佑, 岡田みゆき：大学生の自己肯定感に及ぼす影響要因, 日本家政学会誌, 66, 5, 222-233, 2015

著者紹介

高原美由紀

空間デザイン歴30年超、累計1万件以上の間取り指導実績を持つ一級建築士。（一社）空間デザイン心理学協会代表理事。（有）カサゴラコーポレーション一級建築事務所代表取締役。早稲田大学大学院人間科学研究科修了。職業能力開発総合大学講師。

心理学・脳科学・行動科学・生態学など科学的根拠を持った、幸せな空間デザインの法則を「空間デザイン心理学®」として体系化。本人も気づいていない深層のニーズを引き出し視覚化する「LDNメソッド®」を開発。「仕事がうまくいく」「夫婦が仲良くなる」「ストレスが減る」「自己肯定感が高まる」「子どもが健やかに賢く育つ」など、そこで過ごしているだけで、自然に望みが実現し、幸せになる「人生を応援する空間づくり」を伝える活動をしている。

空間デザイン心理学協会　https://www.sdpa.jp/

ちょっと変《か》えれば人生《じんせい》が変《か》わる！
部屋《へや》づくりの法則《ほうそく》

2023年9月30日　第1刷

著　者　高《たか》原《はら》美《み》由《ゆ》紀《き》

発行者　小澤源太郎

責任編集　株式会社プライム涌光
電話　編集部　03(3203)2850

発行所　株式会社青春出版社
東京都新宿区若松町12番1号〒162-0056
振替番号　00190-7-98602
電話　営業部　03(3207)1916

印刷　大日本印刷　　製本　大口製本

万一、落丁、乱丁がありました節は、お取りかえします。

ISBN978-4-413-23323-1 C0077